ちくま新書

ハンナ・アーレント

——屹立する思考の全貌

森分大輔
Moriwake Daisuke

1416

ハンナ・アーレント――屹立する思考の全貌【目次】

写真クレジット　二九頁、八三頁、二五九頁：ゲッティ／共同通信イメージズ
二〇九頁：ロイター＝共同

序章

アーレントを論ずるために

1 手摺なき思考

†はじめに

ハンナ・アーレントは一九〇六年にドイツのハノーファーで生まれ、ナチスの勢力拡大を受けて出国し、後にアメリカに渡った。アメリカでは『全体主義の起原』を発表することで注目され、『エルサレムのアイヒマン』が大きな話題となった。その経緯の一部はマルガレーテ・フォン・トロッタ監督の映画にもなっている。こうした際立った経歴の一方、ニューヨークの自宅では友人らと親密な関係を築き、哲学、批評、政治、時事に関する作品を発表し続けた。二度の結婚をし、迫害を受けて亡命したユダヤ女性の政治思想家という特異なキャラクターを含めて、今日、様々な方面から関心が寄せられている。

アーレントを形容するのに「手摺《てすり》なき思考」という言葉が用いられることがある。伝統的規範や従来の秩序観、あるいはそれを正当化するイデオロギーが機能しない状況に怯《ひる》まず立ち向かい、従来の思考枠に依存せず問題に対峙した態度を示す言葉である。

その態度は晩年カンファレンスで発せられた次の言葉に要約されている。

「私たちの思考の主題は何でしょうか。経験、これだけです。もし、その経験の地平を失ってしまったら私たちは、あらゆる種類の理論に巻き込まれてしまうことでしょう。政治思想家が自らの体系を構築し始めたら、彼はおそらく常に抽象概念を扱い続けることになるでしょう」。

†アーレントと現代

経験を糧に何の権威にも頼らなかった「手摺なき思考」は、二一世紀の私たちにも多くの示唆を与える。一つには扱ったモチーフにおいて、もう一つには態度においてである。

前者のモチーフとして例えば、今世紀のヨーロッパに見られる秩序の揺らぎがあるだろう。中東やアフリカからの難民・移民の大量流入と、それに伴う摩擦や人種主義的な排斥反応は、安定していた秩序の動揺を示している。その状況は一九世紀後半のヨーロッパを論じたアーレントの議論を思い起こさせる。また『全体主義の起原』は、ヨーロッパでの非キリスト教徒の同化、彼らへの排外的反応、そして、それに起因する政治運動や政策への影響を論じた。

後者の態度については、秩序の揺らぎが既存の思想や秩序認識の限界を露呈していることに関係している。すなわち、今世紀の現状は従来の主張の説得力を減退させ、それに代わる主張に力を与え、対立や混乱を助長する。こうした混乱の中で「手摺なき思考」は有力な選択肢となる。既存の思考や党派的発想から現実を無視した主張がなされても、それに囚われずに問題を検討できるからである。

†経験の尊重

「手摺なき思考」はまた、私たちの置かれた現代の状況にも応用できる。今日、私たちは膨大な情報から現実を把握しているが、情報に混入した党派的偏向やありきたりな解説によって、自ら思考することを妨げられている。例えば、先の移民・難民問題について統計上の数値から理解することはあっても、実際の状況がいかなるものかにはなかなか考えが及ばない。しかしそれだけでは「抽象概念を扱い続ける」ことになってしまう。多様な意味を持つ現実こそが蔑《ないがし》ろにされ、そこから乖離したイデオロギーや理論、党派的利害にのみ関心が払われるという状況に陥ってしまう。

アーレントは、現実と向き合うことなく抽象的観念の世界に立てこもってしまう態度を「世界疎外」(world alienation) と呼び、批判した。観念の世界に搦《から》めとられることなく、また党派性にも縛られることなく思考するには、自身の経験に向き合わねばならない。すなわち、自身の現実の受け取り方そのものを含めて検討することで、自明視される事柄を考え直す作業が可能になる。

こうした思考を可能にする契機としてアーレントが重視したのは他者の存在だった。本文でも示されるように、他者への関心は最初期の思想にも確認できる。その関心は『人間の条件』で概念化され、晩年に至るまで継続した。直接に対話する隣人や、自身と異なる他者との関係性は、かけがえのない経験をもたらすのである。

†アーレントの主張の要素

本書は、アーレント思想の基調をなすいくつかの要素を主要作品に確認することで、彼女の思想を総体として理解することを目的としている。その要素は第一に、独立して思考する態度、第二に、「世界疎外」への危惧、第三に、他者への関心である。これらは個々に異なるニュアンスを含んでいる。例えば第一の点は、「手摺りなき思考」と表現すればアーレント自身の営為を表現するが、「孤立」(solitude) という語に注目すれば、大勢に流されずに立ち止まることを指す概念となる。また第二、第三の点は前項で見たように対を成す概念である。

これら三点を関連づけ、端的に表現すれば次のようになる。すなわち、経験を尊重し独立して思考するには「世界疎外」が克服されねばならない。あるいは、「世界疎外」の克服には経験に向き合う思考が不可欠である。そのためには他者との関係性や対話の経験が重要であり、隣人への関心が不可欠である。

あらかじめ付言しておけば、アーレントの議論で「孤立」に思考することと、隣人への関心とは必ずしも対立しない。経験を糧にした思考は他者の存在を容認するからであって、「孤立」は他者を無視した思考を促すことにはならないのである。

†全体主義の勃興

アーレントの主張をこのように整理してしまえば目新しくもない平板なものだと言えるかもしれない。ただしその主張には、彼女の前半生に大きな影響を及ぼした全体主義の勃興という切実な響きや深みが宿っている。

本書の第二、三章で扱われるアーレントの出世作『全体主義の起原』は、その体制が前代未聞だったことを示した。その目新しい体制を理解するため、大衆の現実から遊離した「世界疎外」的傾向を大きく扱った。反ユダヤ主義イデオロギーは、大衆のそうした傾向から受け入れられたのだった。

アーレントはやがて、ナチス体制や反ユダヤ主義を扱うだけでは問題の解決に足りないことに気づく。全体主義の根底を支える発想法をヨーロッパの思考の伝統に探ることになる。ナチス崩壊後、反ユダヤ主義イデオロギーは公に否定されていた状況があった。『人間の条件』は、その探求の成果として私たちを人間とする条件を扱った。人間性の否定こそが、アーレントが確認した全体主義の問題点だったからである。中でも、私たちの個性を条件づけ他者との関係性の構築を可能にする「活動」(action)が強調された。その後に発表された『エルサレムのアイヒマン』では、全体主義に加担したアドルフ・アイヒマンの裁判を扱うことで、体制を担った人間への理解を深め、その経験から独立して思考することの重要性が再確認されている。

†本書の課題

このようにアーレントの主張の背後には、全体主義の勃興と、それに対する克服という課題が存在していた。「世界疎外」的な傾向を帯びた社会で成立した体制を克服するには他者との関係性の尊重が不可欠である。そして全く新しい社会現象を扱うには旧来の概念枠組みから離れて検討する「手摺なき思考」が求められた。

もちろん、多分野にわたる作品を一括して単純化することに違和感を抱く読者も少なくないだろう。アーレントは問題関心型の思想家と解釈する向きもある。仮に彼女が問題関心を先行させる論者だったとしても、テーマの扱い方や、それを取り上げるに至った発想に、共通の個性や傾向がないとは言えない。彼女の師であったカール・ヤスパースは、それを「思考の独立性」と表現している。

本書はその共通性に着目して、ハンナ・アーレントに関心を抱く一般の読者に思想の概略を伝える。アーレントが何を課題にし、どう思考し、背景に何があったのかを大枠で提示し、理解を促したい。一度でも作品を手に取ればその思考に触れられるものの、その議論は難解で、なぜそうした議論がされているのか、あるいはどのような議論がされているのかを把握し難い。議論の方向性を見失わないため、文脈を把握するために、論点の全てを扱わなくとも、彼女の課題の概略を示すことは有用だろう。こうした意識から主要作品を各章で取り上げ、先に挙げた基本的主張に関連する点に触れつつ、議論を紹介する。

2　作品と背景

†哲学への関心

『アーレント政治思想集成』にあるギュンター・ガウスとのインタビューでアーレントは「私

は哲学を学びました。だからといって、それで私がいまも哲学者であるということにはなりません」と述べた。彼女はこのように、哲学という語を注意深く用いた。少なくとも次に挙げる二つの意味で使い分けていた。

一つには、思索の出発点として肯定的なニュアンスで用いられる哲学であり、もう一つは、研究の進展によって獲得された否定的ニュアンスを帯びた哲学である。後者は、「政治への敵意」を抱く政治哲学という特異な様式とともに語られる。全体主義研究に区切りをつけた後に哲学の伝統を検討する過程で、彼女はそうした認識を得た。

†ユダヤ人問題

こうした哲学へのこだわりを踏まえて主要作品の背景を見ていくと、アーレントが政治や哲学の問題を最初期から一貫してブレなく扱ってきたとは言えない。先のインタビューが示したのは、政治に関心の薄かった初期の姿である。全体主義体制の勃興を境に政治への関心を深めたのであって、それまでは自身に向けられたユダヤ嫌悪を経験しても神学や哲学に傾注していた。

その態度が変化したのは、出国前に経験したドイツの状況の変化のためだった。アーレントは一九二九年に『アウグスティヌスの愛の概念』を仕上げ、三三年にドイツを出国する。その間に彼女は、ユダヤ女性の同化を扱った『ラーエル・ファルンハーゲン』に着手した。当時のドイツの反ユダヤ主義はあからさまで危機感を抱かせるものだった。かつてのユダヤ人が受けた社会的排斥に関心を寄せたのである。

†政治への関心

社会に関心を向けたアーレントは政治運動にも関わった。しかし、微罪によって警察に捕縛、釈放された経験を通じて迫害の危機が自身にも及ぶことを察知し、ドイツを出国した。その後、フランスにたどり着き、ユダヤ青年の移住プログラムに携わることで政治への関与を継続させた。後にアメリカに渡った際には、編集者などの職に携わりながら北米のシオニズムに関する小品等を発表して政治への関心を継続させていた。

変化の転機となったのはホロコーストだった。アーレントはその事実を知らされて衝撃を受けた。軍事的合理性を無視して一民族の絶滅をもくろむ体制の出現をすぐには理解できなかったことを先のインタビューは伝えている。彼女はそれを生じさせた全体主義に改めて関心を抱き、従来の暴政や独裁と全く異なる前例のない体制を把握しようと試みた。全体主義は政治的に打倒されるだけでなく、その発想を含めて思想的に検討、把握された上で否定されねばならなかった。

†成果としての『全体主義の起原』

一九五一年に公表された『全体主義の起原』はそうした検討の成果である。起原（origins）の語が示すように、作品は全体主義がいかなる経緯から登場したのかを扱った。著述の手法が独特だったために発表時、学会から冷遇され、社会科学ではないと非難されたが、対象を理解したと錯覚させる既存の手法を回避しただけである。

第二、三章で見るように『全体主義の起原』は、あらかじめ提示された仮説を検証したり、全体主義成立の史的因果性を問題にしたり、あるいは既知の概念を適用して分類したりする既存の手法を採用しない。独裁やユダヤ人虐殺だけでは説明不能な体制が種々の要因から結晶化する様を、全三巻にわたって多角的に論じ、正体を把握するために文学等も用いられた。

中でも強調されたのは自発性を含む人間性そのものを否定した体制の特質である。全体主義は反ユダヤ主義イデオロギーを権力掌握のプロパガンダに用いただけでなく、政策的合理性を逸脱してまで実現に励んだ。その実践において構成員は、手法や主張に疑問を挟まなかった。被害者だけでなく構成員をも非人間的な悪に巻き込んだユダヤ人絶滅政策が実施されたのである。

†『人間の条件』を対置する

アーレントは、全体主義を克服するべく新たな課題に取り組んだ。それがヨーロッパ政治哲学の伝統に関する研究である。未完に終わったマルクス研究や一九五八年の『人間の条件』が成果として著された。

特に『人間の条件』は、抽象概念を現実世界よりも優先する哲学の傾向を「世界疎外」と表現し、批判した。伝統的に重視された観照的生活（vita contemplativa）から距離をおき、もう一方の活動的生活（vita activa）における「活動」の可能性を探った。そうして前者に親和的な「制作」（work）、「労働」（labor）を批判した。彼女は「活動」概念の検討を通じて、人間が新しいことを始め、他者と関係することを発見し、その重要性を強調した。

こうした議論に影響を与えたマルクス論、そして「制作」「労働」「活動」という三つの行為類型については第四章で触れる。『人間の条件』は、人間の日常的実践を思想的に検討する形式での反全体主義論だった。政治哲学の伝統を批判することで発見した「活動」を、全体主義克服の解答としたのである。

†政治学入門の構想

政治哲学の伝統を理解して「始まり」(beginning)を強調することになった『人間の条件』は、「活動」がいかなる成果を残すかという点に課題を残した。その「活動」と政治との連携を検討したのが『革命について』である。『人間の条件』以降に取り組んだ政治学入門の執筆作業と並行して、プリンストン大学で行われたセミナーを基にした作品である。諸般の事情から入門の執筆が中止され、『革命について』が著された。いわば「活動」の政治学を模索した後、革命というモチーフを用いて政治と「活動」との関連が論じられたのである。

入門書の企画意図やその経緯については草稿である『政治とは何か』に収められたウルズラ・ルッツの注解が詳しい。アーレントは『政治とは何か』を結果的に断念したが、『人間の条件』の延長線上にそれが企画されたことは資料に示されている。時期的に重なる『革命について』と発想を共有していたことがうかがえる。

†『革命について』における対比

一九六三年に発表された『革命について』でアーレントは、フランスとアメリカという二つの革命を扱い、後者を肯定的に評価した。貧窮の克服に追い立てられたフランス革命と、自由な政体を設立するために人々が自発的に関与したアメリカ革命という対立構図を示すことで後者の新しさを評価したのである。

アーレントの立場は従来の見解に異を唱えるものだった。一般にはフランス革命が、人権という抽象的かつ普遍的観点から新しい自由の観念を主張したとされ、アメリカ革命は、君主批判の文脈で共和主義の古い自由を引き継いだとされていた。例えば、イギリスの保守主義者エドモンド・バークがこの立場に近い。

アーレントはしかし、「活動」を用いて革命を再解釈することで、アメリカの新しさを評価した。第五章では、アメリカの自由は『人間の条件』で示された「活動」の新しい「始まり」に重ねられることを見ていく。

†アイヒマン騒動

『革命について』で肯定されたアメリカは、もちろん手放しに称賛できる社会ではない。アーレントは否定的側面も様々に経験している。その典型は先に触れたアイヒマン裁判を巡る騒動だろう。『ニューヨーカー』誌での連載を元に一九六三年に出版された『エルサレムのアイヒマン』には、内容と無関係な大量の非難が浴びせられた。

アーレントはその騒動から「活動」や「始まり」とは別の課題を自覚した。第一に大勢に流されずに止まることの重要性、第二に以前とは異なる悪の印象である。第一の点は、映画でも描写されたようにユダヤ人同胞からアーレントの態度が非難されたことである。「ユダヤ民族への愛」に欠けるというのである。彼女はユダヤ人問題には古くから関心を寄せていたが、盲目的な同胞愛を持ち合わせてはいなかったし、作品中でもイスラエル政府に批判的で、冷笑的な表現が用いられた。そのため感情的な非難が寄せられた。

バッシングのあとアーレントの発表した論考が『過去と未来の間』に追加された「真理と政治」である。時勢に流されナチに加担したアイヒマンを見聞し、また、政治宣伝に利用された裁判の雰囲気に流されたバッシングを経験したことで、大勢に流されず独立することの意味を再確認したのである。

第二の課題は悪の問題についての新たな感慨である。それは「悪の凡庸《ぼんよう》さ」(banality of evil) と表現されている。『エルサレムのアイヒマン』は被告の姿を描写して伝えているが、彼は絶滅収容所のような地上の地獄の設立を積極的に推進した非人間的な、悪魔的存在ではなかった。むしろ現実から目を背けて決められた方針に唯々《いい》諾々《だくだく》と従う、自己欺瞞《ぎまん》に浸った凡庸な小役人だった。

アーレントは、そうした印象とそれまでに抱いてきたナチズム理解とにズレを感じた。『エルサレムのアイヒマン』では触れられていないが、そうした凡庸な人間の加担した問題を例えば、「ペンタゴン・ペーパーへの注解」などで論ずるようになった。彼女はナチズムが連想させる人間の悪魔性よりも、現代のどこにでも見られる自己欺瞞や現実無視の引き起こす「凡庸」な悪の問題に目を向けたのである。

†『精神の生活』における哲学的考察

「悪の凡庸さ」は次なる著作『思考』の序でも触れられ、経験を思考対象とすることの重要性が改めて取り上げられた。『思考』『意思』の二巻からなる『精神の生活』は、アーレントの著作の中でも哲学的性格を顕著に示している。その論及は『精神の生活』が人間の行為に及ぼす作用、すなわち倫理的効果にも関心を払っている。

具体的な内容は第七章で確認するが、第一巻で扱われる「思考」(thinking)にアーレントは対話構造を見出している。倫理的効果を期待されるその能力が仮想的な他者、あるいはもう一人の自己との関係性を基盤にしているということだ。「孤立」して思考しても、精神内では対話が継続しているというのが彼女の主張だった。

もう一方の『意思』は、行為の源泉としての「意思」(willing)を扱った。いわば「活動」の「始まり」の精神的起点が論ぜられたのである。よって本作は、アーレントの哲学史理解を顕著に示している。自発性の源泉たる「意思」を認める系譜と認めない系譜の双方を対比的に扱っているが、本書は紙数の関係で後者に触れることはできない。ハイデガーとアウグスティヌスという彼女に馴染み深い二者の議論、つまりハイデガーは否定の、アウグスティヌスは肯定の系譜に配置され、「意思」の重要性が示されたことは指摘しておこう。

『意思』の執筆直後にアーレントは世を去ったため（一九七五年没）、彼女の思想の真の射程を確認することはできない。ただし、『意思』の最後に「意思」の自発性に起因する自由と「判断」（judgement）とを関連づけることが示唆された。次には「判断」論を予定していたことは明らかである。本書は『精神の生活』では触れられなかったその議論を、講義録『カント政治哲学講義』の内容から読みといていくことで結びとする。また、アーレントの哲学的議論が、「活動」概念に関連していることを確認できるだろう。

第一章 『アウグスティヌスの愛の概念』——哲学という源流

1 哲学的出自と「実存主義とは何か」

†現象学との出合い

前章ではアーレント思想の課題と主要作品を概観し、経験を糧に独立して思考したことを紹介した。その思考は徒手空拳でなされた訳ではなく、あらかじめ身に着けた哲学や、ユダヤ人問題の検討から獲得された知見を基にしていた。本章はそうした出発点の一つである哲学との関係を確認する。

本章は特に、二〇世紀初頭のドイツで影響力を持った現象学との関わりを扱う。その手がかりにまず、初期の二作品、すなわち処女作である『アウグスティヌスの愛の概念』と「実存主義とは何か」を読みといていく。学生時代に学んだ哲学から彼女は影響を受けたのだった。

†フッサール、ヤスパース、ハイデガー

学生時代のアーレントは二〇世紀初頭のドイツを代表する現象学者から哲学を学んだ。ドイツ出国以前の二十代に彼女は、マルティン・ハイデガーと親密な関係を持ち、カール・ヤスパースに師事し、エトムント・フッサールの講義に出席した。その交流は彼女の思想的起点を形成したばかりか、ヤスパースのように生涯を通じた友情を得ることにもつながった。アメリカに渡ってもなおその友情は継続した。

若きアーレントに影響を与えた彼らは、当時の哲学の傾向に批判的だった。例えばハイデガーは、名声を不動にした『存在と時間』を一九二七年に公表した。ヤスパースはそれに先立つ一九一九年に『世界観の心理学』を、三二年には『哲学』を公表し、フッサールは二九年に『デカルト的省察』（三一年に作品として発表）の元になった講演を行っている。

エルジビェータ・エティンガーによれば、ハイデガーとの関係は『存在と時間』公刊前後の一九二五年から二八年にかけてだった。また、他の二者との関係もその時期に重なっている。彼女は一九二五年にフッサールの講義をフライブルクで受け、二六年にはハイデガーの下を離れてヤスパースの指導を受け始めた。そして二九年に博士論文を提出し、四年後の三三年にドイツを出国した。処女作の執筆という研究者として重要な時期、二〇世紀を代表する彼らとの

交流によって公私にわたる様々な刺激を得た。

†「実存主義とは何か」の位置づけ

初期のアーレント思想への影響を確認するには、多少なりとも彼らの哲学に関する予備知識が必要だろう。手がかりなしにアウグスティヌスを扱う哲学の博士論文にその影響を確認することは難しいからである。そのため時期は前後するが、ドイツ出国後に書かれた小論「実存主義とは何か」を確認しておきたい。

「実存主義とは何か」は一九四六年に著された小論であるが、フッサール、ハイデガー、ヤスパースへの直接の言及があり、彼女なりの哲学的な理解が示されている。博論を発表してから一七年近くも後の作品であるが、影響を受けた三人に対するアーレントなりの評価を確認することができる興味深い小品である。

学生時代のアーレント

†デカルト的懐疑とフッサール現象学

「実存主義とは何か」は、まずフッサール現象学を取り上げる。実存主義に見出される二つの特徴、すなわちデカルト的懐疑への取り組みと、問題の解決を個人に集約する設定を共有するためである。

デカルト的懐疑とは、有名な「我思う故に我あり」に象徴された世界への懐疑を指している。バーチャル・リアリティではないが、私たちは自身の五感に与えられる情報を疑えば、際限なく疑うことができる。言い換えれば、自身の経験する世界が本当にありのままを反映したものか、そもそも世界が実在するのかを人間は確認できない。疑わしい五感のもたらす経験より、それを疑う自身の存在の方が確実だというのである。

自分自身以外の全ては幻であるとでもいうようなデカルトの懐疑は哲学の問題として継承され、フッサールも引き継いだ。ただし彼の作業は、デカルト的懐疑を棚上げにして、世界と私たちの日常の関わりを再検討するものだった。そうして「現象学にとって世界は単純に失われてしまったわけではない」ことが確認された。『デカルト的省察』のこの言葉は、デカルトの懐疑が暗黙のうちに想定した次の構図を否定している。すなわち、カメラのように精神が世界を写し取る、あるいは精神の受け取るまま世界が存在するという構図の否定である。

その詳細に立ち入りはしないが、現象学は精神内部のプロセスが実在する世界を模写するような単純なものではなく、より複雑な、いわば精神内で世界をあらたに構築する作用であることを示した。デカルト的懐疑から離れて人間の経験を改めて問い直したのである。世界に疑問を抱くことなく過ごす私たちの日常的態度が検討対象とされた。その結果として、認識プロセスにおいてどのように世界を把握するかという知見が得られた。その知見を踏まえることで私たちは、世界との関係を新たに構築し直すことができる。例えば、自然科学の一部が世界を扱う手法を問い直すのである。

一般に現象学的還元と呼ばれるこの手法は、デカルトが切断した人間と世界との関係性を異なる視点から扱えるようにした。ハイデガーやヤスパースの実存主義は、それを継承して世界と人間との関係を問い直すことになる。

†ハイデガーの哲学

ハイデガーの哲学を扱うにあたりアーレントは論点を次の二つに整理している。一、世界と人間との関係性の問題に対する解答を、個人の実存に見ようとする傾向。二、その実存における死の重要性の強調、である。つまり、人間は自身の死を自覚することで世界との関係性を改めて意識し、振る舞いを改める。フッサールが示さなかった現象学的還元に取り掛かる動機を、ハイデガーは示したことになる。

ハイデガーの哲学についてアーレントはまず、先の構図の中で示される「存在への問い」を批判する。自覚された世界との関係性の再検討は「存在への問い」という哲学的課題に収斂《しゅうれん》され、それを追求する個人は現存在という特殊な様態になる。つまり具体的な人格や個性を捨象した「存在への問い」を扱う特異な実存とされたのである。また、その実存は、他の人間から切断された特権的地位において問題に専心することが求められた。

つまり、ハイデガー哲学は、「存在への問い」を発することを妨げる世人(das Man)や人々の生活する日常世界から現存在を切り離すことになるのではないか。自身を死すべき存在とする自覚は、その哲学的問題の重要性に専念する契機であり、その問いを邪魔するものを切り捨てるものだったと言える。

†日常からの断絶

アーレントはこうしたハイデガー哲学に、個人が通常なら有するはずの「他者」に関する観念が現存在には見出せないのではないかという疑問を呈した。他者不在の状況に身を置くことでしか世界との関係性を自覚できないなら、その哲学は、日常を過ごす生活世界から切断された状況で、その切り捨てた日常を含む世界への関心を持続させるという倒錯を招く。生活世界で交流する他者は、孤独に沈潜して「存在への問い」という哲学の課題を扱う現存在には不要かもしれない。しかし問われている世界には彼らもまた含まれている。哲学的課題と日常世界とを対立させ、哲学を尊重しようとするその議論は、他者を切り捨てる傲慢《ごうまん》さを示すものとして批判された。

日常の生活世界よりも「存在への問い」という哲学的課題を優先し尊重するハイデガーの態度への批判は、論文で扱われた哲学全体に向けられていた。デカルト的懐疑は世界と人間との関係性を分断したが、哲学者が問題に沈潜し、観念的に世界を再把握することで回復することができる。こうした哲学優位の自負はその伝統が受け継いできたものだった。アーレントは、現実よりも認識や観念を尊重する哲学の傲慢を批判したのである。

†ヤスパースへの評価

ヤスパースはそうした哲学の系譜から外れている。フッサールやハイデガーが、世界との関わりを個人の思考対象としたのに対し、ヤスパースの哲学では「現実は、もはや思考の純粋な対象としては（略）把握され得ない」。言い換えれば、世界との関係の回復を孤独な思索を通じて望む「アリストテレス以来続いた、他の実存よりも優れた実存を生きるとされた哲学者はいない」と「実存主義とは何か」は論じた。

ヤスパースは個人の哲学的沈潜ではなく複数の人間の実存に関心を向けた。私たちは他者と関係することで世界を了解する。その議論は、人間の共同様態としての実存を指摘する。私たちは、孤独に思索に耽《ふけ》るだけでは得られない経験を他者との交流から獲得し、その過程で自身の限界を画する世界の存在を感得する。

つまり、精神の世界では何の制約も受けずに観念を自由に羽ばたかせる哲学者でも、日常の生活では自らが思いを寄せる人に失恋する。こうした望みをはたせない経験を通じて私たちは限界を了解し、自らを規定する世界を感得していく。ヤスパースの議論は他者との交流における挫折という否定的契機に世界と人間との接点を見る。孤独な他者無き哲学ではなく交流を経て開示される了解の可能性、すなわち「コミュニケーションを通じて他者と自由に結びつく」ことの可能性を提示した。ヤスパースは、こうした交流を「哲学」と呼び、人々の日常的営為と哲学との接点を見ていた。

†他者とともにあることの可能性

ヤスパースの示した「哲学」は、こうして傲慢であることを止める。他者との交流での挫折という否定的契機に、世界を経験する可能性を示唆することで、「哲学」は満足せねばならない。その世界はただし、「哲学」し共同する実存という新たな様態において繰り返し経験される。他者と「哲学」することで生ずる固有の領域で世界は人間とともにある。

こうした固有の領域は「自由の島」と表現された。人々は自由に「哲学」する一方で、比喩的に島と表現された限界も日々経験するのである。アーレントはヤスパースに、他者との交流という「哲学」の新たな可能性と、その営みに基づく世界の経験という二つの可能性を確認したのだった。

2 『アウグスティヌスの愛の概念』を読みなおす

†作品への影響

先にも指摘したように、アーレントが「実存主義とは何か」で示した哲学への理解が、『アウグスティヌスの愛の概念』を執筆していた一九二〇年代後半にどこまで意識されていたのかは定かではない。しかし、自身の指導教授であるヤスパースの関心を彼女は既に知っており、『存在と時間』が執筆されていた時期には、ハイデガーとアーレントは親しい関係にあった。彼らの影響がどこかに認められるだろうことは予想できる。

最初に指摘できるのが「隣人の有意性」への関心である。処女作はアウグスティヌス神学における愛の概念を検討するものであり、前半は超越的存在たる神に向かう個人の性向を、後半はそうした性向から派生する人間の態度を扱っている。つまり神に向かう孤独な個人と、世界や隣人との関係性、すなわち「隣人の有意性」とが論じられた。先の「実存主義とは何か」と対比すれば、前半でハイデガー的な、後半でヤスパース的な関心を確認できる。

†作品の自他からの評価

「隣人の有意性」とは、ここではとりあえず他者を他の事物と区別して特権的に認識できる契機と理解しておこう。ものと人間との区別を意識し、人間を上位に置くことが出来る根拠のことである。アーレントが博論を執筆した当時の哲学的議論は、先のヤスパース論に典型的に示されているように、他者を含む人間の経験のあり方に関心を寄せていた。

ただし、こうした関心を中世の神学者であるアウグスティヌスが共有していたのかとなれば問題は別だろう。アーレントは、「隣人の有意性」を自身の関心であると、あらかじめ示している。このように自身の問題関心から論文を仕上げることは一見妥当なアプローチだが、最適であるとも言えない。アウグスティヌスにとっては些末《さまつ》だった問題を取り上げていると批判できるためである。

実際、アーレントの関心は作品の評価に影響を与えた。その論文は審査で高い評価を得られなかったのである。理由の一つはおそらく、隣人への過度の関心が論文の構成に影響し、完成度を下げたためだろう。これから見るように論文は様々なアウグスティヌスの愛の概念を検討し整理しているが、その作業を「隣人の有意性」に焦点を合わせて遂行した。その結果、論文は、様々に区分された愛およびその関係概念が整理しきれておらず、入り組んだ記述に満たされることになった。

　アウグスティヌスが重大な関心を寄せたかどうか定かではない「隣人の有意性」を中心にして愛の概念を整理した作業自体に問題があったのだろう。アーレント自身が、アウグスティヌス思想の愛の概念の不整合を提示した論文だった、と認めている。こうした不整合を引き起こした「隣人の有意性」への強い関心は、アーレントの思想全体から見ると興味深い。論文の完成度を下げるほどの隣人への関心が強いことを意味するからである。本章では以下で、この点を忘れることなくアーレントの思想的出発点の議論を確認していくことになる。

†欲求としての愛

　それでは内容に入ろう。『アウグスティヌスの愛の概念』はまず、彼の「愛」（amor）の概念にプラトン的な愛の形を見出している。「愛《アモール》」は欲求の充足、あるいは不完全な存在が自身を補完するための対象を求める衝動とされた。その上で、充足のために追求される対象にあわせて「愛《アモール》」は区分された。第一の対象は神あるいは永遠なる存在であり、第二の対象は神に創造された永遠ならざる被造物である。

　対象にあわせて「愛《アモール》」には名前がつけられた。第一は「神への愛」（caritas）、第二は「欲望」（cupiditas）である。これらの名称は対象の違いだけでなく、その作用の違いも示している。作用とは、「愛《アモール》」が対象から受ける影響のことである。アーレントは「愛するものを選別しなさい」というアウグスティヌスの言葉を引用し、「選別」が要求されるほどの影響が認められることを示した。

対象の影響が「愛《アモール》」に及ぶ理由は、「愛《アモール》」が不完全な存在である自身を完成させようと欠けたものを求めるだけでなく、手に入れた対象に強い執着を示すからである。「神」であろうと「被造物」であろうと、そのどちらを手に入れても手元に残し続けることを「愛《アモール》」は強く求める。その結果、手元に残した対象から「愛《アモール》」は影響を受けることになる。

†欲望と世界

「愛《アモール》」を含むアウグスティヌスの思想をアーレントは、二つの側面から説明している。一つはギリシア的側面であり、もう一つはキリスト教的側面である。例えば「欲望」の対象である被造物とそれが属する世界とは、ギリシア的な目的論的世界観によって把握されていると説く。

目的論的世界観とは、この世界が最高の存在たる神に向けて整序されているという了解である。世界の部分を成す被造物は不完全であり、同時に最高の存在に向けて階層的秩序を形成している。例えば、木や鉄はハンマーとなって、ハンマーはテーブルを制作する道具として、そしてテーブルは人が食事をするのにそれぞれ役立つというように、目的と手段との連関によって階層化され、意義づけられている。もちろん人間も世界の一部を担う不完全な被造物である。そのため自身の不完全さを補完しようと「愛《アモール》」を抱き、世界の様々な被造物に執着する。それが世界に見出される「欲望」のあり方である。

不完全な人間は「欲望」から被造物を獲得しても満足できない。なぜなら手に入れた被造物もまた不完全なため、完成されないからである。仮に何かを入手して一旦は「欲望」を満たしても、手に入れた被造物は時間と共に朽ち、失われる。例えば、永遠の愛を誓った夫婦もやがては死別するだろう。その喪失を補完しようと人間は再び別の何かを求める。こうして私たちは対象を繰り返し「欲望」することから逃れることができない。

不完全な対象を求める「欲望」には、このように飽くなき繰り返しという特徴が認められる。それは先に触れたように欲求される被造物の不完全性に影響を受けているからである。人間の属する被造物の世界は不完全であって、神だけが完全である。

こうした対照的な構図には、先に触れたキリスト教的側面とギリシア的側面との双方の要素が関わっている。すなわち、神は完全であるため変化しない。いわば神は永遠であり、その領域に変化を示す時間は存在しない。対して世界は神の被造物であり不完全なため変化にさらされている。つまり不完全さに由来する変化を表す時間も存在している。世界は、不完全な個々の被造物の生成と消滅を繰り返しながら存在するのであり、いわば変化しつつ永らえている。

キリスト教的側面においては、世界を神の手による被造物と規定し、それを永遠の神の完全性に対照させて不完全な領域とする。逆に、世界の変化を指摘する議論はギリシア的である。世界が部分の生成と消滅を繰り返しつつ永らえるという図式は、生成消滅の反復というギリシアの円環的時間を示すからである。

繰り返される変化に支配された世界から人間を救い出すのが「神への愛」である。神は世界の創造者であり、変化する被造物の世界から隔絶された変わらない永遠の存在だからである。永遠の存在を「愛《アモール》」し執着し続ければ、変化し消え去ってしまうものに飽く「欲望」の渇望から解放されるだろう。永遠の存在に補完されることで、人間自身は不完全でも神に満たされ安定することが可能であり、安息を得られるからである。

†永遠への憧れはどこからくるのか

二つの異なる「愛《アモール》」の特徴がこうして確認されたわけだが、その説明を受け入れるには、さらにいくつかの点を確認せねばならない。一つは、人間がなぜ神を知っているのか、もう一つは、仮に人間が神を知っていても、どうやって「欲望」に振り回された状態から「神への愛」へと意識が切り替わるのか、である。

第一の点について指摘できるのは、目の前にある対象を「欲望」するのとは異なり、世界と別の位相にある永遠の存在は目に見えないことだろう。つまり、目に見えない永遠の存在を私たちはなぜ「愛《アモール》」することができるのかという疑問に答えねばならない。

アーレントは、この点をギリシア的側面から説明している。人間の魂はかつて完全な存在とともにあったが、そこから流出して世界に誕生し、やがて死を迎えることで再びそこに還流する。アウグスティヌスに見られるこうした形而上学的理解は、一般にネオ・プラトニズム的世界観と呼ばれる。それによれば人間は、永遠の領域から切り離されて変化する被造物の世界に生まれてもなお、完全な存在たる神を想起し、憧れ、欲求する。「愛《アモール》」の根本たる欲求は、こうした想起として再定義される。

†世界の不完全性

この構図はまた、キリスト教的側面をも併せて示している。永遠なる世界からの流出と還流だけではなく、人間が属する世界の限界、不完全さを示すからである。世界は神の手による被造物であり、神に並ぶものではない。こうした神と世界との絶対的な断絶は、先の「欲望」にも見られるものだった。「欲望」の際限のなさは、被造物の不完全性に由来する。「永遠」の相に属する「神への愛」との対比は、「欲望」の対象たる被造物の世界の不完全性を浮き彫りにしている。

ネオ・プラトニズム的構図によって、人間が神を想起し「神への愛」を抱くことが可能である点を説明できても、「欲望」にまみれた個人が神を意識する契機を確認せねばならない。目の前にある対象に気をとられ次から次へと被造物に「欲望」を抱き続ける人間は、目の前にない、生まれる前の記憶にとどまっている神をそう易々と想起し、「愛《アモール》」することはできないだろう。

†死と良心の声

アーレントは神へと意識を向ける日常での契機を二つ確認している。死と良心の声とである。先のネオ・プラトニズム的図式で死は、変化する世界に翻弄される人間の生に区切りをつけ、かつて属していた永遠の相に向かわせる喜ばしきものである。しかし、変化を繰り返す世界に埋没してその構図を忘却した個人にとって、死は未来に待ち受ける不透明な何かであり不安を抱かせる。したがって仮に、変化する世界から外れて先の形而上学的構図を了解できれば、死は歓迎されるものとなる。未来に待ち受ける死を、先駆的に自覚することができれば、死の不安は払拭《ふっしょく》されるだろう。

こうしたギリシア的な形而上学を経た死の受容だけでなく、もう一つ良心の声によっても個人の意識転換が示されている。神が人格を持つ存在として人間に語りかけることで、意識の転換が促されるという見立てである。

人は良心の声というキリスト教的人格神からの語りかけに耳を傾けることで、変化する時間の領域に属する自身の不完全性に気づく。また、そうした被造物の世界に埋没し「欲望」に流されていることに気づかされる。こうした契機を経て人間は、不完全な対象とは異なる「神への愛」を自覚する。日常に埋没していても、その声に耳を傾けることで世界から引き揚げられ、自身の欲求を永遠で変わることのない存在に向けることが可能となる。

†律法と世界

個人が良心の声に耳を傾けるように促す要素にもアーレントは言及した。人間に神が与えた「律法」がそれである。世俗の生活を送る人間に神が与えた規範のことであり、個人に良心の声を聞くように促す。人間は「律法」に触れることで、完全にはそれを守ることができない自身の限界を知る。そうして日常から離れて良心の声に謙虚に耳を傾けるようになる。「律法」の存在は、日常生活の中に「神への愛」を促す機会が内包されていることを明らかにするものだと言える。たとえ不完全であろうとも世界とそこに属する「律法」とに、「神への愛」という肯定的な人間の態度を見出したのである。

不完全な世界を肯定しようとするアーレントのこうした傾向は、次の「隣人愛」に関する議論でより明確に示されていくことになる。

3　世界への愛と隣人愛

†神への愛と世界

アーレントが論文の軸とした「隣人の有意性」を確認する前に、「神への愛」の覚醒によってもたらされる効果を見ておこう。人間は「律法」を経て良心の声に耳を傾けることで、「愛《アモール》」の志向性を被造物から神へと転換させる。すなわち移ろいやすい世界に向かっていた欲求の志向性が「神への愛」によって被造物から逸れることで、人間は神の永遠に寄り添った観点から世界を再把握できるようになる。こうした一種の現象学的還元を経ることで、人間は新たな態度で世界と関わり合いを持つことが可能となる。

もちろん、そうした転換を経た人間も世界に留まらざるを得ず、不完全な被造物からなる目的論的秩序から逃れることも、あるいは将来に到来する死を回避することもできない。ただし、変転する世界を俯瞰《ふかん》できるようになった個人は、目的論的秩序とは異なる原理が存することを了解し、それとともに生きる選択が可能となる。世界に属しながらもその原理に拘束されることのない新たな態度を、アーレントはアウグスティヌスの「世界への愛」(dilectio mundi) の議論に見出した。

まず「愛《ディレクティオ》」は「あたかも世界に存在しないかのごとくに、世界に秩序を与える者のごとくに世界を愛する」普遍性を帯びた態度である。新しく獲得された秩序観に基づいて、人間はバランスのとれた態度で世界に接する。

「愛《ディレクティオ》」は、自身を取り巻く世界を「私たちを超えたもの」「私たちのそばにあるもの」「私たちより下にあるもの」と区分し、各々対応する神、隣人、身体にふさわしい態度をとるように促す。目的論的世界観で身体と表現される被造物は、何かのための手段であるにすぎず、隣人もまたそれに含まれる。「愛《ディレクティオ》」を得ずに「神への愛」に専心するなら、世界は不完全な対象として切り捨てられ、そこに属する隣人も顧みられることはないが、「愛《ディレクティオ》」において両者が区分されれば、それぞれにふさわしい態度で接せられることになる。

†隣人愛

アーレントの関心では、「愛《ディレクティオ》」において個人が、世界だけでなく隣人とも新たな出会いを遂げることが重要だった。彼女が論文の基軸に据えた「隣人の有意性」につながるからである。しかし、隣人の実存は、その先に存在する神と関連づけて理解されており、あくまでも自身と同じく神の前に立つ者にすぎなかった。

こうした隣人の姿は、マックス・ヴェーバーが『プロテスタンティズムの倫理と資本主義の精神』において描写した信仰者に近い。家族にも伴侶にも目を向けることなく、ひたすら孤独に自身の救済を求める姿である。そうした信仰者は隣人と交流して関係性を構築することや、その交流を基に他の被造物とは異なる有意性を隣人に見つけることができない。「「愛《ディレクティオ》」は（略）絶対的孤立において経験される自分自身（略）に関する熟慮に根差しながらも、他者をもこの絶対的孤立へと追いやる」。

「神への愛」から派生した「愛《ディレクティオ》」という態度からすれば、こうした規定は当然だろう。隣人に他の被造物よりも特権的な地位が与えられる理由は、隣人が他の被造物とは異なって自身と同じく神の前に立つ可能性を持つからである。「隣人愛」(directio proximi) は、孤独な信仰者が自身の他にも在ること以外は示さない。

†歴史観への言及

「隣人愛」の議論は、これだけではアーレントにとって、満足のいく回答ではなかった。

アーレントは続いて、隣人や世界の新しい意義をキリスト教的な歴史理解に求めた。歴史の導入によって人間は、アダムの子孫に連なるだけでなく、キリストによって罪が贖《あがな》われた存在として把握される。その二つの決定的な事件によって直線的な歴史が提示されることで、隣人と世界との新たな積極的意義が模索された。

愛の概念の議論で歴史が登場してくる点に、読者も作品の論理展開の強引さを理解できるだろう。それだけ「隣人の有意性」にアーレントはこだわりを示していた。その歴史の議論でアーレントは、先に見たギリシアとキリスト教との両側面を対照させている。すなわち先に触れたようにギリシア的時間の観念は、生成消滅を繰り返す円環的なものであって決定的な変化を被ることはない。いわば「歴史は繰り返す」。それに対置されるキリスト教的時間の観念では、先の二つの事件に象徴されるように歴史は明確な起点と転換点を含む直線としてイメージされ、生じた変化は繰り返されない。

†二つの社会と二つの事件

キリスト教的歴史観においてアダムの原罪は、この世界に住まう全ての人間が受け継いでいる。人間が原罪を共有する集団を形成していることは、その原因である善のみを選択することのない自由を人間が受け継いでいることも示している。罪の継承という否定的特徴が人間を、世界で他者とともにある自由な存在として表現している。

また、罪を共有する人類は、個別には「欲望」に埋没して「神への愛」から離れて日常を送っているが、キリストが罪を負って十字架にかけられたことによって救済された。つまり「神への愛」の獲得が赦されたのである。十字架によって私にも、また罪を共有した隣人にも、神の前に立ち、「欲望」の繰り返しから解放される可能性が示されたことが重要である。

罪を共有する人類と、救済され「神への愛」を抱くことの赦された個人及び隣人という二つの要素を孕《はら》んだ直線的歴史は、「出生」(generatio)の重要性をも明らかにする。「出生」が象徴するのは、人間の属する世界が被造物の属するギリシア的な目的論的秩序と異なる位相に位置することである。つまり神の永遠とも、被造物のギリシア的円環的時間とも異なる、救済を伴う直線的時間の相に私たちは生まれ出る。たとえ被造物の一つとして変化の影響を免れないにしても、人間には、隣人とともに神に向かうことを可能とする直線的歴史の世界に「出生」し、繰り返しではない自らに与えられた一度きりの生を生きる可能性が示されている。

†人類と隣人の意味

ギリシア的円環とキリスト教的直線の二つの時間軸に属する両属的人間像を示すこの議論は、アウグスティヌスによる「地の国」と「神の国」という有名な二つの領域区分を思い起こさせる。世俗的な必要を繰り返し満たす前者と、救済を可能にする生の舞台たる後者とは二つの時間軸に重なる。この二つの時間軸を示唆することでアーレントは、アダムを祖として形成された人類が日常を送る世界と隣人との肯定的側面を確認した。

ただし残念なことに、それでも隣人との交流の契機は確認できていない。隣人との直接の交流を促す要素としての愛は発見されなかった。アーレントはこうした点を踏まえ、論文の結論部で次のように述べる。「他者は「人類」に帰属するもの「として」隣人なのであり、彼はまた個々の人間の孤立化の実現から生じる経験、つまり、この人類の中から召し出されたという召命、およびその明確な自覚の下で隣人である」。

「召命」という語が示す「愛《ディレクティオ》」の孤立した姿に加えて、「人類」という隣人と共に生きる歴史領域を示唆したこの引用は、彼女がアウグスティヌスに確認できた「隣人の有意性」を要約している。論文が提示したのは「実存主義とは何か」におけるヤスパース的な「哲学」する「自由の島」ではなく、「人類」として生活する領域が単に切り捨てられるべきものではないという世界への肯定だった。そしてそこには隣人という他の被造物から区別される存在が含まれること、さらにそれが直線的な時間軸に属することまでだった。

†隣人愛への執着

こうした整理を経て、最後に疑問として残るのは「隣人の有意性」に関心を集約させたアーレントの動機である。なぜ彼女はアウグスティヌスの議論に他者の問題を見出そうとしたのだろうか。むしろ「神への愛」に論点を集約させた方が「愛」とは性格の異なる歴史の問題に踏み込まずに済み、一貫性の高いまとまった論文になったはずである。

これに対する直接の回答はアウグスティヌスの思想に隣人の議論が存在しているという事実だろう。ただし、そうした建前以外の理由には作者の個人的事情が指摘されている。例えばアーレント研究者の千葉眞《しん》はハイデガーとの親密な関係の破綻を指摘している。

これまでに見てきた通り、アーレントの処女作がハイデガーからの影響を被っていたことは容易に理解できる。論文を貫いていた「隣人の有意性」や「愛《ディレクティオ》」など、現象学的色彩はそこかしこに確認できた。中でも典型的なのは、先に確認した「欲望」から「神への愛」の転換の場面に見られる死のモチーフだろう。死の自覚を経由して世界から脱し、永遠の存在に向かう個人のあり方は、そのままハイデガー的な「世人」を切り離す特権的な実存に重なるように見える。

ただし、そうした転向の場面においてすらハイデガーの論理に埋没しないユニークさを示していた。「律法」や「隣人愛」の議論は、日常生活を送る「世人」に示したハイデガーの冷淡さとは対照的に、それを肯定的に扱った。エリザベス・ヤング゠ブリューエルの『ハンナ・アーレント伝』では次のように指摘している。「彼女は、ハイデガーの愛に関する哲学的探究からは影響を受けていなかったが、おそらく彼が関心を欠いていたという点から影響を受けた」。

†アーレントとキリスト教

アーレントの議論がハイデガーから影響を受けつつ離れようとする様は、「愛《ディレクティオ》」が、世界と隣人との有意性の確認に繋がる点にも表れている。いわばハイデガーが関心を示さなかった愛の議論においてこそ、彼女が執着を示したテーマが十全に展開されていた。「神への愛」への契機となる良心の声も、「隣人愛」も、またその後の直線的歴史観も、アウグスティヌスのギリシア的側面ではなくキリスト教的な側面とともに示されている。このキリスト教的モチーフとともに示された「隣人」が、「実存主義とは何か」でさらなる意義を見出され、以後の思想を支えていく。つまり、アウグスティヌスのキリスト教的側面に、アーレントの思想的原点を確認できると言える。

こうした特徴がアーレント思想のキリスト教的性格を示すものとは言えないことには留意すべきである。本処女作は、彼女に影響を与えたハイデガーらに引きずられないようにアウグスティヌスに仮託して自説を展開したように思われる。そのことは、以降の作品でキリスト教的人格神に論及されることはなかったことからも明らかである。次章以降で確認するようにアーレントは、隣人、あるいは他者を取り上げる機会を得ても、それをキリスト教的文脈では論じなかった。また、本章の冒頭で確認したように日常の経験を尊重し、それを把握する現象学的営為を重視しても、その動機に神の声を用いるようなことはなかった。

ただし、アーレントが自らの立場を表明する決定的場面で、アウグスティヌスやルターというキリスト教的な論者が顔をのぞかせてもいた。第三章で確認する『全体主義の起原』の結びは、初版でルターが引用されて他者との関係性の重要性、すなわち「隣人の有意性」が唱えられ、その改訂版でアウグスティヌスの「出生」の重要性が強調された。

アーレント思想の核にキリスト教を見ることは難しい反面、全く影響を被っていないとも言えない面も確かに存在する。自身の関心をキリスト教的要素に仮託して述べた処女作での態度は、その後も折を見て顔をのぞかせている。彼女にとって直接の影響を受けた三人だけでなく、アウグスティヌスもまた無視できない思想家であり続けたと言えるだろう。実際その影響は、絶筆となった『意思』に取り上げられている点からも明らかである。処女作で始められたアウグスティヌスとの対話は没年に及ぶまで続けられたのだった。

第二章

『ラーエル・ファルンハーゲン』――ユダヤ人問題

1　ユダヤ人であるということ

†哲学の傲慢とユダヤ人論

前章でアーレント初期の哲学的作品を確認することで、哲学の傲慢に対する批判的視点と、他者に対する関心の存在を確認できた。また、他者の存在と世界のあり方とを関連させて考察していたことも確認できた。他者との交流において挫折を経ながら世界を経験するというヤスパース論の中に見出されるモチーフは見られないものの、人類の存在をキリスト教的に理解するという、日常と隣人とへの関心は『アウグスティヌスの愛の概念』に確認することができた。

こうした関心は、第四章で触れる『人間の条件』でもより明確に示されるだろう。本章で取り上げる『ラーエル・ファルンハーゲン』や、『全体主義の起原』にも同様の傾向が見受けられることも指摘しておこう。

本章では主にアーレントのユダヤ人問題への取り組みを確認する。アーレントという思想家を考えていくうえで、ユダヤ人としてのアイデンティティを無視することは難しい。アーレント自身の態度はと言えば、序章で触れたガウスのインタビューで、ユダヤ人であることを意識させられたのは学生時代だったと語っている。女性としてのアイデンティティについては自身を「古風」と表現するにとどまっていた。また、彼女はそれらを強調して自身を規定しようとはしなかった。

その一方でアーレントは、政治的、社会的問題としてのユダヤ人を論ずるのに多くの労力を割いた。没後に編集された『パーリアとしてのユダヤ人』、あるいは『ユダヤ論集』や、『全体主義の起原』の第一巻をなす『反ユダヤ主義』などがその成果である。政治思想家リチャード・バーンスタインが指摘したように、アーレントの研究テーマはユダヤ人問題への関心がその根底にあると見ることもできる。

†『反ユダヤ主義』の位置づけ

バーンスタインの議論は、本章の前半で取り扱う『ラーエル・ファルンハーゲン』がユダヤ女性の個人的な伝記、つまり非政治的テーマだったのに対して、後半で扱う『全体主義の起原』第一巻が『反ユダヤ主義』という政治的なテーマを俯瞰的に扱っていることを説明する。彼女はドイツ出国後にも様々な論考を発表しているが、ユダヤ人問題を通じて徐々に政治や社会というマクロな視点での検討をするようになっていったからである。

『ラーエル・ファルンハーゲン』は一九三三年のドイツ出国時に二章を残して執筆され、三八年のフランス滞在時に完成した。ただし、出版は一九五七年まで待たねばならなかった。他方『全体主義の起原』は、正確にはユダヤ人問題に限定した作品ではなかったが、全三巻においてユダヤ人問題との関連を明示、暗示されながら主要概念が論じられている。本章ではそのうちの第一巻、『反ユダヤ主義』を取り扱う。

2 『ラーエル・ファルンハーゲン』と個人の選択

†同化

『ラーエル・ファルンハーゲン』は、アーレントのユダヤ人問題への関心を包括的に表した最初期の作品である。一八世紀ドイツの世俗的で啓蒙されたユダヤ女性を伝記的に扱う一方で、政治的に解放された当時のユダヤ人の社会状況をも視野に入れたものだった。主人公ラーエル・ファルンハーゲンは、ゲーテ崇拝の流行発信地となったサロンを主催し、当時のドイツ啓蒙主義の思潮を象徴した。彼女がファルンハーゲンの姓を名乗るまでの経緯に触れる作品を通じてアーレントは、当時の風潮と、ユダヤ女性が向き合わねばならなかった問題——とりわけ同化に関する——を論じた。

アーレントがラーエルを取り上げた理由に、執筆時の時代状況がある。反ユダヤ主義的風潮が強まりユダヤ人が排斥されていく中で、それまでのドイツが彼らをいかに遇したか、また、彼らがいかに社会に溶け込もうとしたのかは興味深いテーマだった。アーレントは次のような個人的事情と相まって、それに関心を抱いたのである。

個人的事情の一つは前章でも触れたハイデガーとの関係解消である。彼は自身の学生だったアーレントと不倫関係にあったが、ナチに接近し一方的に関係を清算した。その裏切りは、これから見る若きラーエルの苦い経験に重なる。あるいは、不倫解消後に結ばれた最初のパートナー、ギュンター・シュテルンらユダヤ系研究者が受けた不当な扱いも無視できるものではなかった。周囲から表面的には受け入れられても拒絶され、自身を差別する社会に同化を迫られるユダヤ人への関心は、そうして掻き立てられていった。

†ユダヤ女性の課題

『ラーエル・ファルンハーゲン』によれば、ドイツでは一八世紀に入ってユダヤ人に政治的同権が与えられた。それはフランス革命を端緒とする啓蒙思想の影響を受けたものだった。ただし、人間を平等と見なす発想から与えられた同権はユダヤ人への社会的差別を撤廃することはなかった。「ユダヤ人を一夜にして――あるいは僅《わず》か数十年のうちに――非ユダヤ人にしてしまえるような強力な魔法の杖などは決して存在しなかった」。彼らは押し込められていたゲットーから解放されたが、踏み入った社会で異邦人として扱われた。自由な行動が許されても自らの居場所を見出すのに苦闘せねばならなかった。

ユダヤ女性はさらに「女性問題があらかじめ人間関係に書き込まれていた」社会状況にも立ち向かわねばならなかった。ユダヤ人であり女性でもあるという二重の恥辱から逃れるよう、改宗や婚姻による同化という選択肢が示されていた。ただし、ユダヤ人であることを捨てて得られた家庭生活でも問題は残った。あからさまな差別からは護《まも》られても、私的な社交の場では、好奇の目が容赦なく向けられたからである。

ラーエル・ファルンハーゲン（1771-1833）

†ユダヤ人の例外

こうした同化の道を選択することなくユダヤ人が社会に

進出するには、自身を周囲に認めさせねばならなかった。彼らはそのため、自身をあえて例外として演出した。社会の他の人々とも、あるいは凡百《ぼんぴゃく》のユダヤ人とも違う個性的な存在であることを示すことで差別から逃れようとしたのである。のちの作品である『反ユダヤ主義』でそれは、次のように表現されている。「あなたは例外だという奇妙なお世辞をいわれるユダヤ人たちは、自分の得ている社会的地位が、ある曖昧さのおかげであることを良く知っていた。つまりユダヤ人でありながらユダヤ人ではないように振る舞わねばならぬということである」。「自分の属する民族を裏切り、自分の出生を否認し、万人のための正義を捨てて個人的な特権をとった」うしろめたさを拭いきれないその振る舞いは、表面だけでなく個人の精神をも蝕んだ。彼らの状況と振る舞いは、ユダヤ人が風変わりだとする周囲のステレオタイプの形成にも繋がった。

アーレントは、そうしたユダヤ人の姿を繰り返し取り上げている。ユダヤ人であることの恥辱から抜け出したいと願うなら「ユダヤ人であると同時にユダヤ人ではないこと」、つまり一種の反社会性を装うことを自ら選択せねばならなかった。

†婚姻による同化

もちろん全てのユダヤ人が奇矯な振る舞いをし、例外であることを望んだわけではない。ただし、それを望まなかったユダヤ人は、差別を甘受しない限り同化を検討せざるを得なかった。その典型が先に触れたユダヤ女性の選択である。彼女らは出自を隠して改宗し、目立たぬように生活を送り、より徹底した場合には同胞との交流を避けて暮らした。

当時のユダヤ女性が同化の選択肢として希望したのは貴族との結婚だった。ラーエルの時代である一八世紀はもちろん一九世紀にも未だ影響力を保持していた身分の壁が、出自に対する詮索への防波堤として役立ったからである。『反ユダヤ主義』は次のように表現している。「貴族の特権は過去のものとなってしまったが、貴族社会は決してそうではなかった。それどころか、この社会の尺度は全一九世紀を通じて社会を規定し、広く「社会生活の文法と構文論」を人々に与えていた」のである。

貴族の側もまた、社会・経済的環境の変化からユダヤ娘との婚姻を受け入れた。新興の市民階級との経済的競争に敗北しつつあった彼らにとって、持参金を伴ったユダヤ娘との婚姻は利益をもたらすものだったからである。

†ラーエルの望みと社交

ユダヤ女性だったラーエルも例外ではなく、同化の問題から逃れることはできなかった。アーレントは彼女が、ユダヤ人でいることが恥辱だと認識していたこと、そこから脱するために貴族との結婚の必要性を理解していたことを『ラーエル・ファルンハーゲン』の冒頭で示している。同時に、ラーエルが自身の容姿に自信がなく、実家の財産がそれほどのものではないことを自覚していた点にも言及している。

ラーエルは、他のユダヤ娘と同様に貴族との関係を築くべく社交に励んだ。しかし、同化を志向していたにもかかわらず、彼女は例外扱いを求めるようには振る舞わなかった。サロンに出入りするために例外を装った多くのユダヤ人とは異なり、彼女はありのままの自分を受け入れてもらえることを望んだ。

啓蒙の時代の風潮に望みを叶えてくれるパートナーを期待していたラーエルの姿を、アーレントは描き出している。しかし、「ユダヤ人の父の子であることは娼婦の腹から生まれたことよりも大きな汚点」とされた社会では特異な望みだった。ラーエルは「周囲の世界の精神的、社会的生活に自分を同化させること」から自由であろうと望み、「いつでもまず自分を認知させなければなりません」と無邪気に振る舞った。差別に根差した例外を演じて居場所を得た例外ユダヤ人よりも、さらに例外的な態度だった。

そうした例外性はラーエルが後に主催したサロンに見られる。そこでは「全ての人が正確にその能力に相応するだけのものとしてしか遇されなかった」のであり、「全ての人がその人格以外の何ものによっても判断されなかった」。ゲーテの理想に共感を示して設けられたこのサロンは、人間性への賛美を実現するかのような身分を超えた人間的交流が持たれていた。

†教養批判と社会的同化圧力

ラーエルにとっては自身を認める相手を見つけるための社交の場は、他の者にとっては出自や身分を超えた人間性を誇示する啓蒙主義の流行を演じる場だった。当時のこうした状況にアーレントは批判的である。後の作品である「文化の危機」や『人間の条件』に、その立場が鮮明に示されている。

啓蒙主義やゲーテの流行は、ユダヤ人の現実を変革する力を欠いた偽善的なものだった。そうした皮相の流行を追いかけ、示された理念の内容に関心を払わなかった「教養俗物」の姿を、アーレントは指弾した。しかしサロンから発信された流行は、貴族的な「社会生活の文法と構文」を模倣する傾向を有した当時の社会に受け入れられた。「上流社会の因習によれば、個人は常に社会的枠組みの中で決められたその人の身分にふさわしいもの」たらねばならなかった。流行に疎ければ体面を保てなかったのである。

「教養俗物」という呼称が示しているのは、啓蒙の理想が表明した人間の平等とは裏腹に、流行に同調することに関心が寄せられた事実である。流行への同調を求める社会的圧力と、流行に沿うポーズを周囲に示すのに役立つ被差別者としてのユダヤ人の存在とが、「教養俗物」的振る舞いを可能にした。その流行は、ラーエルが賛美したゲーテの理想のように、一人の人間が人生をかけて追及するべき何かを示すことはなく、身分の垣根を超えた平等な人間同士の交流を後押しするものでもなかった。

†ありのままの自分

こうして批判的に描写されるサロンの姿と関連づけてラーエルの状況を確認すると、彼女は時流に流されて、周囲に存在するユダヤ人差別の根深さに気づいていなかったと言えるかもしれない。『ラーエル・ファルンハーゲン』は、彼女が物事を俯瞰的に捉える客観的思考を苦手としたことを描写している。ラーエルはサロンのような場で自由に振る舞うことが許され、「力強く軛《くびき》を打ち壊し、徹底して秩序を解体する天才」として誉めそやされた。ユダヤ人であることの恥辱を感じていたにもかかわらず、その言葉をある程度受け入れていた。

教養としての啓蒙を受け入れ、表面的に隔たりがない態度をとられ、さらには賛美も受けていたラーエルだが、ユダヤ人としての恥辱から解放されていた訳ではなかった。例えば、ある交際相手からは「一度もユダヤ人と真に愛を育んだことはない」と公言される恥辱を経験させられている。あるいは自身の希望を叶えるはずだったフィンケンシュタイン伯爵との婚約が解消されてしまうなど、手に届きかけた望みを失う挫折も経験していた。自身のユダヤ性という恥辱を繰り返し確認させられ、ラーエルは、無垢でも純粋でもなくなっていく。

こうしたラーエルの経験は、アーレントと交際しながらもナチへと接近し、周囲を追い落とそうと暗躍しながら彼女を捨てたハイデガーとの交際を連想させる。ユダヤ女性がありのままに社会に受け入れられることの困難さや、表面では受け入れられていても結局は拒絶される経験、そして、それに起因する煩悶をラーエルは象徴していた。

†親密な関係とありのままの姿

ラーエルは、このように社交や親密な関係性において称賛されつつも公的には恥辱を想起させられ、裏切られるという経験を重ねたが、それでもユダヤ人である自分を受け入れてくれる存在を追い求めた。しかし、結局は貴族ではないファルンハーゲンと結婚する。ラーエルは若き日の望みを叶えられなかった。

ファルンハーゲンとの婚姻がラーエルにもたらしたのは、ひとときの安らぎであり、出自に向けられた好奇の目からの解放だった。ただし挫折の経験を重ねた彼女は、ユダヤ人であることの不利を自覚しており、それに触れられないように注意深く生活を送った。「「市民社会の中で令夫人とか役人の妻などを演じるとしたら、自由ではないだろう」。しかし自由だったら市民的に見て「不幸な状態」にいる」。このようなラーエルの台詞でアーレントは、ユダヤ女性として生きることの現実を表現した。

同化ユダヤ人としてラーエルは社会的地位を得た。しかし「不幸」を招く出自の暴露の危険を冒してユダヤ人の旧友との関係を保った。「ユダヤ人としての生まれを恥じてはいけません。（略）「おまえにはまだユダヤ人らしいところがある」と言われたくないがために捨ててはいけません」。こうした立場は社会から受けた様々な差別や同化を求める圧力に晒《さら》されながらも、それに完全には屈しなかったことを示している。ラーエルは差別を受けながらもありのままの姿でいることを完全に捨て去ることはなかった。アーレントはこうした立場をとる彼女を「傘なしに悪天候の中にいる」ようなものだったと表現している。

†アーレントの関心とラーエル

序章では、アーレントが大勢に流されることなく自ら思考したことを大まかに紹介した。第一章では、彼女が世界や経験を尊重するとともに他者に対する関心を強く有したことを理解した。では、『ラーエル・ファルンハーゲン』には何が見出されるだろうか。

端的に述べれば、大勢に流されない態度も他者への関心も、ともに『ラーエル・ファルンハーゲン』に見出すことができる。前者は、ありのままの姿を大切にして例外中の例外となったラーエルの姿に見出される。彼女は他のユダヤ人のように同化一辺倒の選択をしたり例外ユダヤ人として周囲の望む「例外」を演じたりはしなかった。裏切りや挫折を経験しても、ありのままでいることを模索し続けたのである。

また、隣人への関心、あるいは具体的な他者への関心も見出せる。一つには思い通りにならなかったパートナー探しの果てに得られたファルンハーゲンとの婚姻がそれであり、もう一つはその後も旧友との交際を継続させたことである。

若き日のラーエルは、流行に振り回されて同化による成り上がりを達成することに人生を費やしたが、挫折を経て市民であるファルンハーゲンと結婚した。彼女はそれでもユダヤ人であることを捨てなかった。一連の経緯を知るユダヤ人の旧友、パウリーネ・ヴィーゼルとの関係を大切にした。かつての自身の姿を知る友人の前では市民の夫人として振る舞う虚飾は不要であり、ありのままの姿をさらけ出すことができた。つまり、他者とともにいることでかえって自身の姿が保たれることを、あるいはそうした他者との関係性の重要さをアーレントはラーエルの半生に見たのである。

†同化圧力の問題

ありのままであることを欲したラーエルが立ち向かわねばならなかった社会の圧力が厄介なのは、それが法や制度とは無関係に人間の精神に直接働きかける点にある。アーレントはそれを『人間の条件』で指摘したが、ラーエルの時代のユダヤ人が政治的な同権を享受してもなお、社会的な差別に苦しんだ状況を念頭に置いている。

そうした圧力がユダヤ人にまとわりついていたことの悪影響は、先に触れた例外ユダヤ人に見て取れる。『反ユダヤ主義』は自身を偽り続けたその心情を次のように述べている。「自分が何者であるかを半分だけわからせることと、再び締めだされはしないかという不安からの卑下と、とにかく迎え入れられたのだという驚きから生まれた不遜さとの複雑な交錯が始まった。問題の渦中におかれた人物は、このような曖昧な右往左往の中で熟練した俳優になったが、ただ芝居の終わりを告げる幕はいつになっても降りてこず、自分の全生活を舞台上の役割としてしまった人々は孤独にかえったときにもなお、自分が一体何であるのかもはやわからなくなっていた」。

例外ユダヤ人も同化ユダヤ女性たちも、いつ終わることもない演技を続けることで、自らの出自が恥辱であることを繰り返し自覚させられ、また、それを半ば否定することを強いられることで自身が何者だったのかを見失っていった。

†他者とともに生きる

政治的解放を背景にして同権を得ても、ユダヤ人たちは社会の中で居場所を見つけることに苦労した。幾多の拒絶を経験した後のラーエルに見られるように、彼らは自身を守るために正面からの抵抗を示すこともなかった。それは同化して市民の夫人の仮面をかぶった彼女の姿にも表れている。しかし、圧力に完全に屈して出自を否定したり、例外たらんとする態度を取り続けて自分を見失ったりすることをよしとはしなかった。結婚によって穏やかな生活を与えてくれた夫から反対されてもなお旧友ヴィーゼルとの関係を維持し、ユダヤ人としての自身の生涯の記憶を二人の間に留めたのである。

ファルンハーゲンとの結婚後のラーエルの姿はアーレントに示唆を与えた。同化によって社会からの圧力を防ぐ一方で、ユダヤ人の旧友との関係を維持したラーエルの姿は、社会の圧力に流されない選択のあり方を示していたからである。

あるいは処女作に示された「隣人の有意性」に対するアーレントの関心が、ヴィーゼルとの関係を守ったラーエルの選択に目を向けさせたのかもしれない。他者とともにあることの意味をラーエルが体現したのである。「われら難民」という初期の論考でアーレントは、同化を求めず、ありのままの姿で生きた「自覚的パーリア」と、同化して成り上がることを志向した「パルヴェニュ」というユダヤ人の二つの類型を論じ、ラーエルは前者に連なるものとして、評価された。

†自覚的パーリアとパルヴェニュ

パーリアとは賤民という意味であり、「自覚的パーリア」はユダヤ人である恥辱を自ら受け入れた存在だった。そうした賤民として扱われることを理解してもなお、友人との関係を保持してありのままで生きようとしたラーエルの選択は、ユダヤ人社会には容易には見出せないものである。その系譜に連なる存在としては、ハインリヒ・ハイネ、フランツ・カフカ、ベルナール・ラザールなどが挙げられている。表面的に同化したようにも見えるラーエルをその系譜に位置づけることで、彼女の選択をアーレントは肯定的に表現した。若き時代のラーエルは同化を目指したパルヴェニュだったろうが、結局はパーリアとして生涯を送ったと評価した。

ラーエルの姿を描き出したアーレントはもちろん、同化を選択せざるを得ないパルヴェニュの事情を熟知していた。しかし、その事情に理解を示しつつも同化を無条件には肯定できなかった。すでに見た本人の個性にまで影響を与える例外的な振る舞いは、問題がないとは言い得ないからである。また、過去のパルヴェニュの姿を見ても歴史の様々な時点で彼らは、自身だけでなくユダヤ民族の否定に加担した。社会が求める振る舞いを全面的に受け入れることで身を守ろうとした彼らは、自身および同胞に刃を向ける反ユダヤ主義的主張への賛意を示すよう追い込まれたのである。

ラーエルは、否定的経験を積んでもなお、ユダヤ人であることを捨てなかった。素性発覚の危険を冒してもヴィーゼルとの関係を継続させ、娘時代の失敗を記憶に留めた。大勢に流され自身の中身をも入れ替えた多くのパルヴェニュと比べると、その選択は際立っている。こうした選択を可能にした秘訣が、親密な友人との関係性とにあったことはすでに見たとおりである。ラーエルの伝記に取り組む以前から他者との関係に関心を示していたアーレントが、それを見逃すことは無かった。

3 『反ユダヤ主義』と国民国家

†ユダヤ人問題と政治への関心

序章でも触れたとおり『全体主義の起原』は、ヨーロッパにおけるユダヤ人問題の解決を掲げて権力掌握を果たしたナチスが生み出した体制を扱った作品である。アーレントは同書を『反ユダヤ主義』『帝国主義』『全体主義』の三巻に分けて論じたが、その構成に現れているように、全体主義の勃興とユダヤ人問題との関連性が意識されていた。彼女はその作品で全体主義体制の実相を描き出すだけではなく、体制がなぜ勃興したのかについて、反ユダヤ主義との関連を視野に入れて多角的に論じたのである。

本章で扱う『反ユダヤ主義』は、一八世紀から二〇世紀にわたる様々な事例を取り上げている。その中には、全体主義の勃興と関連の乏しい内容も含まれており、例えば、先に取り上げた例外ユダヤ人の振る舞いなども含まれている。また、その巻の最終章で取り上げられたドレフュス事件に関する分析も、ナチの勃興を許したドイツ以外の反ユダヤ主義がどのようなものだったのかを示すが、ナチとの直接の関連は示されない。ただし、事件に至るフランスの分析を通じて、平等を標榜した国民国家の問題性は明らかにされた。

こうした『反ユダヤ主義』の主軸をなすのは、全体主義体制の形成に関連する要素の洗い出しである。具体的には反ユダヤ主義とナショナリズムとの関連が主題とされた。『ラーエル』で扱われたようなユダヤ人個人の事情は主題ではなかった。

†ユダヤ人集団の存在

アーレントによれば政治的に影響力を持つ反ユダヤ主義とヨーロッパにおけるナショナリズムの流行とは、その起源をラーエルの時代である一八世紀に遡ることができる。ユダヤ人問題が当時のヨーロッパで力をつけつつあった国民国家体制と関連していたこと、そして、それぞれの国内の齟齬《そご》を象徴するかのように構造化されたことをそれは意味している。

一般に、ヨーロッパにおける国民国家体制への移行はフランス革命を転機と見なす。アーレントが指摘したのはユダヤ人が、そうした体制の出現以前から国家との密接な関係を保った社会集団を形成していたことだった。つまり国民国家の出現は、ユダヤ人に従来の立場からの変更を経験させ、彼らを微妙な位置に追いやっていった。

国民国家以前の君主制では、国家の維持管理に不可欠だった官僚機構にユダヤ人の資金が投入されていた。資金提供を担ったユダヤ人は君主の庇護を受け、特権を享受した。キリスト教社会における異教者は、こうして慣習的なユダヤ嫌悪から身を守ったのである。資金提供者は富豪に限られていなかった。直接の提供窓口となった一部の特権的ユダヤ人が他の中小の商人を庇護することで組織し、負担を分散させた。ユダヤ人はこうして特異な集団を形成した。

ユダヤ人集団は国民国家形成後にも維持された。揺籃《ようらん》期の国民国家には機構の維持にユダヤの資金が欠かせなかったからである。加えて、そうした新興の国民国家には、特権を保持するユダヤ人がヨーロッパ各国に点在したことも魅力的だった。主権国家を軸に形成されることになった近代ヨーロッパの国際秩序では、各国に遍在して資金を提供するユダヤ人、例えばロスチャイルド一門のような存在を通じて国同士の交渉がなされることも少なくなかった。ユダヤ人はこのように、国民国家の発展に伴って身分保障を失いつつあった他の集団とは対照的に「その特権的地位を国家的理由からして保持」される集団であり続けた。

†政治的反ユダヤ主義の形成

ユダヤ人が国家から保護を受ける集団であり続けたことで、他の社会集団の怨嗟《えんさ》の的となった。身分制の崩壊に伴い特権を手放しつつあった貴族、古い慣行や制度の残存によって産業活動を十全に展開できない新興の市民階層、進行した産業化によって地位を失った職人層は、国家からの保護を受けたユダヤ人にそうした感情を向けた。アーレントは次のように表現している。「国家機構とユダヤ人との間に一つの結びつきが存在し、ユダヤ人問題はユダヤ人個人及び一般的な寛容の問題としては、もはや十全に理解されることも論議されることもできない」。

一八世紀以降の西欧ユダヤ人は、このように国家からの特権を享受することで例外的地位を確保する存在であり、同時に他の社会集団と潜在的な競合関係の中にあった。彼らへの非難には慣習的嫌悪以上に、構造化された軋轢《あつれき》が潜んでいた。アーレントはこうした現実を背景にしたユダヤ人への反発を、政治的反ユダヤ主義と呼んで区別している。

†国民国家の社会への影響

国民国家におけるユダヤ人の状況がこのように整理されたことで揺籃期の国民国家の特徴も明らかになる。産業化が進行し、それを担う市民層が勃興しつつあった当時の状況下で、国家は二重の意味で軋轢の要因だった。第一に国家は、完全に解放されてはいなかった市場での経済活動を制限し、あるいは残存する旧来的な慣行から社会的・経済的活動を阻害した。第二に、それでも進行していく産業化とともに激化の一途をたどる競争を有利に運ぶ手段として国家は、それにアクセスするための軋轢を生じさせる存在でもあった。国家の後押しを得ることで約束される巨大な利権は、それを獲得するための闘争を促した。国家に関与する者は、それだけで社会の不信を喚起することになり、それを利己的に活用している者への敵愾心《てきがいしん》を掻き立てることになったのである。

そもそも国民国家は、フランス革命をきっかけに登場した。平等を掲げて身分制を打破したその体制は、積極的に社会集団間の軋轢を調停し、人々を国民として平準化することが期待された。

こうした国家の中立性を強調する理念がナショナリズム（nationalism）である。その影響は先の『ラーエル・ファルンハーゲン』にも見出せる。ユダヤ人の享受した政治的同権がそれである。平等の理念の下で彼らも国民（nation）として遇されるべき存在だった。ただし、すでに見たように、当時の現実はユダヤ嫌悪の残存によって完全な意味での同権を提供しなかった。『反ユダヤ主義』は、その要因たる社会的同化圧力の背景をマクロな視点で描き出している。

他集団が確認した国家によるユダヤ人への保護は、体制の掲げた理念と資金確保という現実との齟齬を示している。つまり、先に見たように国家自体が社会に軋轢を生じさせる要因だったばかりか、中立たるべき国家が特定集団を保護するというさらなる問題がユダヤ人によって明らかにされた。

貴族、新興市民層、職人層といった従来なら認められていた特権を国民になることで失った他の人々は、その状況を受け入れ難かった。しかも、ユダヤ人の集団が特徴的な文化を有していたことも、怨嗟の念が容易に彼らに向けられることを後押しした。

国家の必要性から保護されていたにせよ、そうした集団を重要な役割を担う公的機関として一般市民が受け入れることは難しかった。国民国家はユダヤ人を公的な集団として遇することはなく、独自の社会的機能が提供する利点から保護したに過ぎないからである。こうした集団としての例外性は、ユダヤ人個人がサロンに出入りするために個別に追求した例外性とは異なり、社会の構造変化によって失われていくものだった。

ユダヤ人集団に関するこうした分析を示す際にアーレントが用いたのは、国家と社会との二分法である。以前の国家は国民国家に比べて相対的に社会から独立していたため、統治者は社会から資金を調達できなかった。そのためにユダヤ人が地位を得ていた。そうした癒着関係が国民国家の黎明期《れいめいき》にも継続したことはすでに見たが、進展する産業化は状況を変化させた。産業資本家の経済的地位が向上し、国家が議会を通じて社会からの影響力を受け入れたことで、ユダヤ人は不要となった。すなわち「共和国政府の方もユダヤ人を絶対に必要とはしなかった。なぜなら共和国政府は、絶対君主政や立憲君主政が夢にも見なかったほどの大きな資金調達の可能性を、議会を通じて得たからである」。

こうした変化は集団としてのユダヤ人の解体を促した。「ユダヤ人が社会の外にある統一的な集団にとどまり得たのは、それ自体として多かれ少なかれ統一性を持った安定した国家機構が彼らを必要とし、直接に彼らを保護していた間だけだった」からである。特に国家と社会とが近かったフランスにおいて、集団の崩壊をとどめることはできなかった。

†新しいユダヤ人像と政治的腐敗

こうした変化に対応するようにユダヤ人の中にも新しいタイプの活動を生業とするものが登場した。国家と社会との間にある潜在的な摩擦につけ入ることで利益を得ようとする仲介者である。彼らは「実業界と国家機構との間になお存在していた、そして両者ともそれを塞《ふさ》ぎたいと思っていた隙間に仲介者としてはまり込んだ」のである。

仲介者としての地位は、ユダヤ人に次のような機会を提供した。第一には、当時の政治的腐敗に関与する機会であり、第二には、産業資本の登場とともに排除されつつあった海外投資利権へと関与する機会である。

国家と社会との接近は腐敗を生み出していた。社会の成員は国民として観念的に統一されてはいても、多数の利益集団に分割され、互いに競合関係にあった。信仰の違い、労働者と資本家、市民と貴族など、分裂した集団が利害において対立し、そして利益を求めて国家への接近を図った。国民国家が「「自由・平等・博愛」の側に立つといっても、自由が他ならぬ自由競争に、平等が腐敗に、博愛が徒党の間の笑いを含んだ目くばせに堕そうと」していた。この腐敗を伴う対立に、ユダヤ人は仲介者としてすり寄っていった。

仲介業者という新しい姿を象徴し、結果的に反ユダヤ主義を助長したのが、一八八〇年代後半に問題となったパナマ運河詐欺だった。私企業による事業だったにもかかわらず公的な体裁をまとっており、事業の失敗とともに詐欺として認識された。その詐欺で中心的な役割を担ったと目されたのが、私募債を募る仲介者として暗躍したユダヤ人だった。

危険を冒すことを極度に嫌っていたにもかかわらず、当時の零細商店主や年金生活者は「何度も繰り返される会社の起債」に自己資金をつぎ込んだ。その理由は起債への議会の認可だった。「パナマ運河の建設は、一般人から私的な事業ではなく公的な国家的事業と見なされた」のである。政治と社会との癒着によって可能になっていた体裁だった。

ユダヤ人はその癒着に介入することで、一般人から資金を調達するのに一役買い、莫大な手数料を得た。事業の失敗により被害を被った者たちの認識をアーレントは次のように表現している。「第一に、第三共和制の内部で議員と国家官吏が商人となっていること。そして第二に、私的事業――この場合はパナマ運河会社――と国家機構との間の斡旋《あっせん》がほとんど独占的と言えるほどまでにユダヤ人の手で行われていたこと」である。

†反ユダヤ主義の継続

パナマ運河詐欺への論及が示すのは、西欧のユダヤ人が国家からの保護を失って反ユダヤ主義的な敵愾心に晒されたことではなく、敵愾心が強化された可能性である。彼らは政治的腐敗に関与しながら様々な党派の間に入り込み、国民の財産を公的な偽装のもとにかすめ取って私腹を肥やす存在として映った。ユダヤ人たちもまた軋轢を持つ様々な「徒党に分割され、おたがい同士極度に敵対し合い、しかもいたるところで同じ機能を果たしていた。すなわち仲介によって社会に力を貸し、国家を食って私腹を肥やした」のである。

国家に寄生するユダヤ人という印象の蔓延には、こうした背景があった。そうした存在を許す国民国家の腐敗は、「民主主義と自由、平等と正義が守られ得るし実現され得ると考える人々がいなくなった」ことで放置された。未だに均質な国民を創出できず、社会集団間の衝突が繰り返されるなかで、帰属を失った個々のユダヤ人はやすやすとそれに介入できた。反ユダヤ主義はそうした存在をユダヤ人の典型として攻撃したのである。

†カトリックとモッブ

国家と社会を食いものにするユダヤ人像の形成が、それを攻撃する社会集団に力を与えた。環境の変化によって生じた自由競争の敗者、あるいは、あらゆる階層から吐き出された脱落者の一群をアーレントはモッブ（mob）と呼んだが、そのモッブにとってユダヤ人は格好の攻撃対象だった。社会からも国家からも締め出され、公的な機構の外でしか行動し得なかったモッブは、公的機構の「影響力を極端に過大評価するのみか、政治生活の真の実体をその影響力の中に嗅ぎつけようとする自然な傾向」を有していた。そのため、そこに介入して暗躍したユダヤ人仲介者は、実際の役割以上に非難され、攻撃された。

こうしたモッブの敵愾心を、一部のユダヤ人との間で利害対立を招いていた別集団が利用した。例えばフランスで起きたドレフュス事件でのカトリック集団がそれである。アーレントはカトリックとユダヤ人との集団間に利害対立を認め、その原因を、同権化を背景にしたユダヤ人の軍内部における地位と利権との追求に求めた。つまり、すでに軍内部の地位を利権化していたカトリックがユダヤ人の進出に反発したのである。その反発を背景にしてユダヤ人であるドレフュスに不当な扱いがなされた。同時に、そうした対立のさなかでユダヤ人への敵愾心をむき出しにしていたモッブが牽制のために用いられた。モッブは党派的対立の先兵として利用されたのである。

モッブの利用によって社会の雰囲気は不穏当になり、暴力も半ば公然化した。そうした雰囲気の中でドレフュスを支持する者とそうでない者との対立は先鋭化した。ただし、こうした状況下でも労働者等の他集団は関心を払わなかった。それらは個々に別の競合を抱えて自派の利益確保に傾注し、ユダヤ人の安全や権利は無視されたのである。

こうした状況が出現した当時のフランス社会は、一見するとアーレントに脱出を決意させた一九三三年のドイツの戯画的先例のように映る。ユダヤ人への暴力は歓迎こそされ抑制されず、全般的な無関心が蔓延していた。ただし、国民国家の理念が最終的に影響力を発揮してドレフュス派の勝利を招いた点でフランスとドイツは異なっていた。

ドレフュスを支援した人々は、最終的には自身を縛るしがらみから解放されて路上へ出ることでモッブに対抗した。その姿は、国民国家が理想とした平等な市民・国民の姿をイメージさせるものだったとアーレントは表現している。フランスを含む西ヨーロッパが反ユダヤ主義の伸長をある程度は食い止めたと言えるなら、こうした理念が多少なりとも影響していたことを根拠として挙げることができる。

ただし平等な国民の勝利を描写したアーレントは、楽観的な解釈ばかりを伝えてはいない。国民の勝利は事実だったが、実際には直近に控えた万国博覧会への配慮が強く影響したことを彼女は併せて指摘した。社会的混乱の継続は国家的イベントの開催に影を落とすという実利的判断が、国家の基本理念たる平等や、街頭に出てそれを訴える市民のデモよりも影響した。

　こうした現実が指摘されることで平等や同権の理念がその時点ですでに力を失っていたことや、偉大なドレフュス派の勝利がフランスの反ユダヤ主義の伸張に対する歯止めとしては無力な、喜劇的勝利に過ぎなかったことが暗示された。その勝利が反ユダヤ主義の背景にあった葛藤の解消を促すことはなかったのである。

第三章　『全体主義の起原』——人間性への軽蔑

1　体制へと繫がる『帝国主義』

†『全体主義の起原』の課題

序章で示された通り、アーレントが『全体主義の起原』を執筆したのは、その前例のなさからくる衝撃のためだった。作品は「何が起こったのか？　なぜ起こったのか？　いかにして起こり得たのか？」を問題にしていた。全体主義体制は単なる専制でも暴力的な権力簒奪《さんだつ》でもない、新しい事象だった。

本章で見ていくのは、その全体主義の新しさに関するアーレントの主張、前章の議論を受けて継続される全体主義体制の要素、成立の経緯、および特徴である。第一巻は全体主義の核となった反ユダヤ主義が扱われたが、第二巻の『帝国主義』、第三巻の『全体主義』は、それ以外の要素が扱われている。『ラーエル・ファルンハーゲン』はユダヤ嫌悪に対するユダヤ人の個人的対処を、『反ユダヤ主義』はユダヤ嫌悪を超えた政治的反ユダヤ主義の登場を扱ったが、本章で扱う二つの巻は、帝国主義、官僚制、汎民族《はんみんぞく》運動、大衆、全体主義体制の組織を扱っている。

†帝国主義の起原

『全体主義の起原』の第二巻である『帝国主義』は、一八八〇年代にヨーロッパが始めた植民地獲得競争の影響を論じている。それは帝国主義の特徴やモッブの役割、あるいは種族的ナショナリズム（tribal nationalism）や人種主義（racism）、官僚制を扱う。アーレントは、それらが二〇世紀初頭に登場した大量の故郷喪失者と、汎民族運動とに影響を与えたことを示した。さらには、次巻の『全体主義』で扱われる体制の成立に繫がっていくことを跡づけている。

これから確認していく各要素は、発生した領域も、思想的背景も、その適用対象も異なっている。そのため諸要素がいわば雑種的に混合し結晶化することで、全体主義体制の成立へと近づいて行ったことが解釈を交えて示される。その混合の核に位置したのが、前章で扱った反ユダヤ主義だった。アーレントは、新たに登場した現実から目を背けず、既存の思考枠に頼らず、その出現の意味を検討したのである。

†種族的ナショナリズムと二つの傾向

『帝国主義』で扱われる反ユダヤ主義は、前章で見てきた政治的反ユダヤ主義とも異なる、種族的ナショナリズムを基調にしたユニークなものである。アーレントは、東ヨーロッパのユダヤ人の状況にも関心を払った。なぜなら東欧には、一九世紀に入っても封建的特質を具えた帝国が残存し、それが西欧とは異なる反ユダヤ主義の形成を促していたからである。

東欧の反ユダヤ主義は属人的で選民主義的性格を帯びていた。東欧と距離的に近いドイツで主張の原型が発生し、それが東欧へと感染した。ドイツは国民国家形成に後れを取ったために、制度ではなく歴史や文化、また、そうした属性を有する個人に着目するナショナリズムを主張した。その主張はやがて、尊重されるべき資質を具えた民族が「全世界を支配し抑圧する任務を自然そのものから与えられている」と、あからさまなものへと変化していくことになる。

1940年代のアーレント

東欧圏には、そうした発想を受容する背景があった。オーストリア・ハンガリー帝国の封建的統治下には多くの弱小エスニック集団がおり、他集団と競合状態にあった。そのために「支配し抑圧する任務」を具体的に了解できた。こうして形成された排外的ナショナリズムが反ユダヤ主義と連携していく。近隣地域の弱小エスニック集団に伝播するなかで、抑圧対象にユダヤ人が加わったからである。

東欧に伝播し独自色を強めた主張についてアーレントは、西欧の国民国家に見られたナショナリズムと区別して、種族的ナショナリズムと呼んだ。特定の文化や宗教を有するエスニック集団を民族《ネイション》と見なす属人主義と、現状では国家を保有することがなくとも将来には獲得するという歴史主義的傾向とがその特徴である。

種族的ナショナリズムはやがて、反ユダヤ主義的性格を示していく。歴史主義的傾向が、民族間の生存競争に勝ち抜くことを生存に不可欠とする社会進化論と混合し、また、ユダヤ人が種族的ナショナリズムを典型的に体現する集団を形成していたためである。民族の選民性と未来における救済や成功を約束する宗教を信じるユダヤ人は、将来の覇権を争う強力な競合集団と見なされたのである。

†東西ヨーロッパにおける反ユダヤ主義

強力な競合集団の排斥、それが東ヨーロッパの反ユダヤ主義である。その排外主義の背景には、先に触れた封建的統治機構があった。帝国は単に各エスニック集団を支配するのではなく、各エスニック集団の間の軋轢を利用して統治の安定を図ったのである。

反ユダヤ主義に関連する社会集団間の摩擦は、東欧の権力者だけが利用したわけではない。例えば前章のドレフュス事件にも類似した構造がある。ユダヤ人に向けられたモッブの暴力行為は、当事者ではなかったカトリック集団に有益だった。ヨーロッパの東西のどちらにも反ユダヤ主義的な摩擦自体に価値を見出す存在がおり、摩擦に便乗する傾向があったのである。

もちろん西欧社会での軋轢は、東欧とは異なる点も少なくない。東欧では摩擦が統治に利用されていたのに対して西欧では社会不安の要因として作用した。西欧の政府はむしろ摩擦に悩まされていた。

こうした類似と差異は、後に触れる全体主義を理解するのにも有効である。例えば排外主義的暴力を利用する別集団が存在し、モッブが暴力行使を担っていたことは、帝国主義的支配の構造につながっていく。第一に、モッブが海外の植民地であからさまな暴力支配を支えたこと、第二に、西欧国民国家でも排外主義や暴力が利用される状況を生み出していたことである。

†モッブの海外進出と人種主義

このようにモッブは政治に暴力を導入し、西欧の政治状況に一定の影響力を与えることになる。ただしその暴力は、一九世紀の後半には社会に受け入れられず、彼らは余剰資本とともに海外へと進出した。

一九世紀後半のアフリカ争奪戦に端を発した帝国主義は余剰資本だけでなく、植民地支配を支える人材抜きには成立しない。典型はモッブだが、もう一つ、植民地官僚を挙げることができる。『帝国主義』でアーレントは、そうした人材が植民地で経験したことの内実と、それがヨーロッパに還流した影響を論じたのである。

モッブによる植民地支配の典型は、南アフリカに見ることができる。ダイヤモンド鉱床の発見に沸いた一八八〇年代の南アフリカは、モッブと余剰資本が殺到し、生産よりも現地を暴力的に収奪する「純然たる寄生虫の最初の楽園」となっていた。

南アフリカでモッブは、肌の色で支配者と被支配者とを区分する人種主義を掲げ、収奪に勤しんだ。その心情をアーレントはジョゼフ・コンラッドの文学を用いて描写した。まず彼らは、自身の飛び込んだアフリカを拒絶した。目の前の存在が「われわれと同じ人間で、この野蛮と激情の狂騒が遠いところでわれわれの血とつながっている」ことを受容できなかったからである。しかし、社会的脱落者だったために本国に反発しながらも、そこで身につけた規範以外に「依拠すべき何ものをも持っていなかった」。そのため、彼ら以前に入植していたブーア人の人種主義を受け入れていく。それは「生まれによって決められた自然的・肉体的所与を絶対視」するものだった。

社会的脱落者として「社会とその価値評価から吐き捨てられた」モッブは、このようにしてアフリカの現実から受けた衝撃を拒絶しつつ、彼らに好都合な人種主義を掲げるようになる。いわば、本国社会から「賤民の一人とみなされることにうんざりして、支配民族の一員になろうとした」のである。

†「官僚制」と秘密主義

モッブが余剰資本と結託して南アフリカで暴力的な「寄生虫の楽園」を作り出した一方で、質の高い教育を受けた官僚たちも海外に進出した。アーレントはそれを「官僚制」として論じた。官僚機構を用いた支配という意味のほか、秘密主義と「高次の目的」への奉仕の意識とが加味されていた。

「官僚制」の〝雛形〟は、イギリスの植民地支配にある。アーレントによれば最初の帝国主義的行政官だったロード・クローマーは、「条約にも法律にも拘束されない」個人が秘密裡に「高次の目的」への奉仕にかなう決定を下す「官僚制」を植民地支配に導入した。「高次の目的」を達成すべき植民地の問題に本国が巻き込まれないように、また植民地は本国から影響を受けないよう秘密裡に支配されるべきと考えられた。

そうした支配は、同じ意識を共有した官僚たちが担った。彼らは、クローマーら帝国主義的行政官の個人的決断に応じて速やかに、そしていかなる変更にも対応可能な組織で対応した。「高次の目的」と秘密主義で結ばれた「無名性への情熱を持つ男たち」は、本国の民主的決定や法律のような鈍重な手続きから解放されていた。

†白人の責務

「高次の目的」として植民地行政官らに意識されていた内容をアーレントは、ラドヤード・キプリングの文学に見られた「白人の責務」を用いて説明している。野蛮人が「庇護を必要とするほどか弱い」か、「全世界を結ぶ偉大な道を妨害」するかのいずれかにすぎないのに対し、「白人の責務」とは「世界の繁栄への配慮を双肩に担う」ことである、とする。こうした植民地主義的幻想は、収奪や暴力を成り上がりの欲望とともに容認したモッブの支配と「官僚制」とを区別させる。「官僚制」は「世界の繁栄」という「いわゆる歴史の必然」の歩みを加速しようとする「高次の目的」意識に裏づけられていた。

「官僚制」を支えた人間が無名性への情熱を抱いた理由も、歴史の必然を加速させる責務から説明できる。彼らは「このプロセスの法則に服従し、その運動を維持させるための名もなき軍勢の一員となり、自分自身を単なる歯車とみなす」ことを尊んだのである。

映画にもなったアラビアのロレンスは、こうした傾向を典型的に示している。『帝国主義』

によればアラブの大義に献身する「共謀者として、自己をすら持たずに無名性の中に身を潜める」ロレンスの態度は、「全世界から姿を隠し、同時にあらゆる出来事そのものに完全に身をゆだねている」感覚を尊重している。それはいずれにせよ起こるだろう「歴史の出来事の速度を速める」ことで、「自らを一つの力の具現者」とする感覚を彼に与えたのである。

†二つの帝国主義

モッブの「寄生虫の楽園」や、ロレンスらの「官僚制」は、それぞれに後の全体主義の特徴を具えた帝国主義的支配を実現した。それらの要素はヨーロッパに逆輸入され、雑種的に混合したことで全体主義成立に影響を及ぼした。モッブの人種主義はヨーロッパ各地の全体主義運動を支えた汎民族運動へ、法律や規範よりも行政官の恣意《しい》に従う「官僚制」的統治手法や「高次の目的」への献身の意識は、全体主義運動の指導者原理とそれを支えたイデオロギー的思考へと継承された。

アーレントは出自の異なるこれら要素を整理するために、帝国主義を海外型と大陸型とに区分している。海外型はイギリスを典型とし、ロレンスらに支えられた「官僚制」によって植民地を支配した。その呼称は支配の性格、すなわち海洋に隔てられ秘密主義によって本国から隔絶された支配を表している。他方、大陸型は、ドイツのように植民地獲得競争に出遅れ本国周辺に進出したが、距離の近さから植民地支配の悪影響を被った場合である。その典型が次の人種概念の浸透である。

†大陸帝国主義と種族的ナショナリズム

大陸帝国主義が、植民地経験の本国への逆流を阻止できなかったことの典型が種族的ナショナリズムの変化である。すでに見たように種族的ナショナリズムは、現実を否定する傾向を帯びたものだった。その観念がはびこる地に植民地の人種主義が流入した。その結果、種族的ナショナリズムと人種主義とが混合する。優越した存在が他を支配するという主張と、現実を否定して観念を優先する傾向とは、種族的ナショナリズムと人種主義の双方に見出せる公分母であり、それを介して両者は混合した。

人種主義の混合した種族的ナショナリズムは、他の競合民族を人種として扱うだろう。用語的には民族と人種という混同されがちな概念にすぎないが、現実への影響は無視できない。人種主義は植民地で劣等人種を大した根拠もなく搾取した。種族的ナショナリズムと人種主義との混合は、ヨーロッパの他民族にそれが適用されることを意味している。

その典型が人種主義的反ユダヤ主義である。それは経験から離れた世界観的な性格を色濃く示し、中核に人種主義が位置するものだった。その新しい反ユダヤ主義は、前章で確認した国民国家からの特権的扱いや、年金生活者の収入を詐取するスキャンダルの仲介業者だったユダヤ人の過去とは無縁だった。劣等人種であるということだけで彼らを排斥対象としたのである。こうして「反ユダヤ主義はユダヤ人に関するあらゆる経験から解放され、イデオロギー特有の論理によってのみ導かれるものとなった」。その影響は、後に確認するナチスのイデオロギーにまで及んでいく。

†汎民族運動と反国家的傾向

身も蓋もない言い方だが、そうした人種主義的反ユダヤ主義が仮に東欧のエスニック集団に影響を与えた程度なら、無視できたかもしれない。しかし、大陸帝国主義国家のドイツや、あるいはその東方の大国ロシアが感染したなら話は別だろう。アーレントはそうした全体主義の起点となった主要国におけるナショナリズムの現象を、マイノリティ集団のそれと区別して汎民族運動と呼んだ。

汎民族運動の特徴には、人種主義の他に反国家的傾向と「官僚制」との親和性とがある。汎民族運動は「神の全能性が行為として歴史にあらわれるかぎり、支配者は神の全能性の具現である」と主張し、民族それ自体が支配者の座にあるべきとした。

言い換えれば現実の支配者よりも上位の存在が歴史を支配していること、そして現実の支配者はそうした上位者の代行にすぎないという主張である。その上で現行の為政者や国家機構ではなく民族全体が支配者たるべきとして、主張を認めない国家に敵対した。

こうした反国家的傾向は、東欧のエスニック集団よりも汎民族運動がさらに観念的だったことを示している。東欧の種族的ナショナリズムは自民族が支配する国家を獲得するための手段だったが、汎民族運動は自民族がまがりなりにも支配している国家を観念的に否定した。汎民族運動は「みずからが代表する利害にイデオロギー的正当化をほどこすのではなく、イデオロギー自体を直接に彼らの組織の本来の構成原理に据えた」ものだった。運動を担う者たちは、自身がそうした民族の精神を体現すると主張したのである。

†人種主義、「高次の目的」、「官僚制」

アーレントはこうした汎民族運動と帝国主義との類似性を示している。まず、彼らのナショナリズムは人種主義的特徴を帯びていた。加えて、その運動が「官僚制」的支配を志向した点、そして歴史に現れる神の意思を民族が体現するという「高次の目的」への志向を示した点でも、汎民族運動は帝国主義的特徴を具えていた。

汎民族運動が「官僚制」支配を志向した理由は、権威主義的性格を残す地で、それ以外の支配を経験していなかったためである。「汎民族運動の指導者たちは、支配や権力というものを恣意的な、被支配者には理解不可能な上からの決定という形でしか、もともと経験していなかった」。また「官僚制」は先に見たように「高次の目的」への奉仕にも合致した。民族が歴史を通して神の意思を実現させるなら、それが支配的地位におらねばならない。その意思を妨げる従来の法や理念、あるいは手続きや道徳は不要であり、「高次の目的」を知る個人の発した命令に基づいて運営される「官僚制」こそが、最適な形態だった。

汎民族運動はこのように人種主義、「官僚制」、「高次の目的」に基づく指導者原理を帝国主義的支配と共有していた。この運動が第一次世界大戦後のヨーロッパで影響力を獲得していく。理由は、民族問題がヨーロッパ全域で大きな問題となったためである。

†国民国家と少数民族問題

アーレントが注目したのは東欧の少数民族政策と、故郷喪失者（displaced person）の出現とである。それらに適切に対処できなかったことが、反ユダヤ主義を標榜する全体主義運動への支持を広めた。

第一次世界大戦以降、旧体制の崩壊によってかつての帝国は複数の国民国家へと分割されたことがこうした事態を招いた。その地のエスニック集団には民族自決権が認められた。国民国家は周知の政治制度であり「一億ものヨーロッパ人に民族自決権を拒み続けることは不可能」

だった。

こうした処置は、民族混在地帯で多数派を形成する民族に、代表権を与えることを意味した。逆に、その選抜からあぶれた集団は国際条約で保護される少数民族となった。彼らは保護を与えられてはいたが、自決権を放棄して各国家を代表する国家民族に同化し、時の経過とともに消え去っていくことが期待された。

少数民族はしかし、自らを不当に他民族の支配下に置かれた存在と認識した。その地の種族的ナショナリズムは、彼らにも影響力を及ぼしていたからである。ただし、そうした自己規定とは裏腹に、彼らに向けられた視線は厳しかった。少数民族に保護を与えた国際社会ですら「永久に特別の地位に固執する同化不能な人々に対してまで法的保護を適用せよとは、いかなる国にも要求しえない」と保護の限界をあらかじめ認めていたからである。

†故郷喪失者

民族性を焦点とする国民国家内部の分断状況は、当初、東欧の継承国家に見られたものだった。しかし、大戦後の混乱が故郷喪失者を増大させるにつれ、ヨーロッパ全体に拡大していく。出身地での少数民族政策を嫌った人々は自ら国境線を越え、あるいは当該国の政府自体が彼らを国境の外へと追い払ったからである。

比較的安定した社会を維持していた西欧諸国は従来、亡命者や移民、国籍剝奪《はくだつ》者らの故郷喪失者を庇護し、ときには本国へと送還していた。しかし、故郷喪失者が増大するにつれ、その対応は取れなくなる。送還先が再入国を認めずにその生命を脅かし、また故郷喪失者自身が拒絶したためである。加えて、帰化を認める選択肢も困難に陥っていった。先にも触れたように当時の帰化は同化を前提とするものだったが、民族集団がまとめて国境を追われる状況では、そうした対応は現実的な策として提示できなくなっていた。

故郷喪失者の問題がヨーロッパ全体に拡大したことを受けてアーレントは、民族性に固執した故郷喪失者の問題も指摘した。様々な理由から故郷を失った自らの境遇を一時的なものとみなし、彼らは同化を拒んだ。また、故郷喪失者と先住帰化集団とが接触することで民族意識が触発され、西欧国家内部でも民族問題が表面化した。

西欧の国民国家が民族問題に直面したとき、帰化以外の対抗措置は見当たらなかった。先にも指摘した通り、それら国家は国籍と民族性とを同一視し、そうした成員が民主的に統治に関わることを前提としていたためである。体制内で種族的ナショナリズムに由来するエスニシティの強調や、国籍とは別の種族的民族観念から派生した摩擦が生じても、適切に対応できなかった。国民国家内の対立は基本的に同朋間のものだと解されてきたため、種族的ナショナリズムの引き起こす苛烈な対立は想定の埒外《らちがい》だった。

西欧国家内部で高揚した少数派の種族的ナショナリズムはこのように困惑の種だった。その結果西欧でも、治安上の懸念から、一度は認められたはずの移民の国籍が恣意的に剝奪され、強制移動させられた。あるいはアーレントが「世界が故郷喪失者に提供しうる唯一の祖国」と呼んだ難民収容所に押し込められた。普遍的人権を認め、誰にでも権利を保障し、民主的統治を標榜した西欧国民国家は、「官僚制」がかつて植民地で用いた脱法的で恣意的な対応をとらざるを得なくなったのである。

西欧国民国家での「官僚制」的対応は、人権を尊重し平等を実現したヨーロッパの政治的伝統と、その嫡子たる国民国家体制、そしてその基盤たる人権観念が深刻な危機にさらされたことを示している。人権をためらいなく承認することのできない状況に体制は追い込まれていた。

†人権の終焉

こうした状況を確認したアーレントは、人々の中に留まることを権利化する必要性を訴える。それは「諸権利のための権利」と呼ばれ、自らの母語で語ること、信仰が認められること、独自の教育を受けることなど、多くの国家で認められている市民的諸権利が、人々の住まう領域に留まることの許可なしには実現不能なことから主張された。第一次世界大戦後のヨーロッパは故郷喪失者を社会から追放し難民収容所に放置することで、その権利を否認した。各国の

「官僚制」的対応によって安易に剝奪されたのである。

「諸権利のための権利」を保障するのが国籍である。それを剝奪することの重大性が理解されなかったその時代に、最も狡猾《こうかつ》にこの点を悪用したのが全体主義政権だった。攻撃対象の少数民族はまず国籍を剝奪されて国外追放された。そして、押し寄せた故郷喪失者の対処に困った周辺の国民国家に「官僚制」的対応を採るように促した。「不可侵の人権などというものは単なるおしゃべりにすぎず、「官僚制」民主主義諸国の抗議は偽善でしかない」ことを認めさせ、人種主義的主張を受け入れるように迫ったのである。人権なぞ任意に剝奪可能な国籍に付随するまやかしにすぎず、それを保障されないどこの国家にも属さない余計なもの、厄介者は彼らが唱える解決方法で処すべきことを、否応なしに認めさせようとした。

2　全体主義体制とは何だったのか

†帝国主義から全体主義へ

不可侵の権利などないという急進的認識にまで到達した国はヨーロッパに存在しなかったが、それでも帝国主義によって案出された支配手法の影響は否定しがたいものだった。結果、全体主義体制の設立を後押しした。人種主義と混合された種族的ナショナリズムはナチスの掲げた人種主義的反ユダヤ主義に、「官僚制」はナチスの前身となった汎民族運動の有する指導者原理に、そして帝国主義的支配に共通して見られた道徳からの逸脱は全体主義運動の暴力性に継承された。また、種族的ナショナリズムの影響から東ヨーロッパから吐き出された故郷喪失者の群れは、西欧社会にも彼らの権利を考慮しない「官僚制」的対応を採用させた。こうして余計なものにすぎない異民族を、人間以下の何かとしていかようにも処置する準備が整えられたのである。

全体主義を形作る諸ピースの形成と連携、さらにはその波及について第二巻『帝国主義』でこのように示したアーレントは、第一次大戦後に汎民族運動が反ユダヤ主義的色彩を強めながら大衆的基盤を得て全体主義へと進んでいった経緯を第三巻『全体主義』で論じた。第一次大戦後の社会変動によって登場した大衆が、モッブの進めた反ユダヤ主義的イデオロギーを掲げた汎民族運動に支持を与えたという主張がなされ、その上で実際に確立された全体主義体制、秘密警察と絶滅収容所とを核とした歴史上比類なき非人間的体制が描写されたのである。

†大衆の登場

全体主義の登場に関わった主な関係者は、モッブ、エリート、大衆である。さらには全体主義の核をなした幹部構成員も加えられるだろう。モッブはすでに触れた通り社会の落伍者であり、汎民族運動を契機とした全体主義初期の推進者だった。エリートは、モッブの運動を大衆に受け入れさせるのに協力した者たちである。大衆は全体主義に支持を与え、そして幹部は権力掌握後の全体主義の完成に寄与した存在だった。

大衆は、政治や社会などの公的事柄に関心を抱くことなく孤立した個人の群れだった。第一次大戦によって従来の階級社会は崩壊し、多くが公的事柄への関心を失った。階級という「個人の利害を集団の集合的利害に変換するトランスミッション・ベルト」が消失し、「私生活のうちに引きこもり身の安全と出世のことしか念頭になくなった」。アーレントはそれを「無世界性」と呼び、大衆の特徴とした。既存の体制や理念からの切断と、それらへの失望から生じた不信感や無力感を示唆する用語である。

†階級社会の崩壊と大衆の無関心

階級社会の時代にもトランスミッション・ベルトとの繫がりが希薄な集団は存在した。本章で幾度も触れたモッブがそれである。彼らは代弁者を持たず社会から脱落していたため、周囲への不信や反感を募らせていた。そうした反感から彼らの一部が反ユダヤ主義運動を組織し、他の一部は支配者たらんと海外に飛び出て帝国主義的支配に関与した。

大衆も社会的なつながりを失った存在だったが、モッブのような能動性は持っていなかった。彼らは無力感を抱き、日常への関心を失っていた。彼らは野望を抱かず、「身の安全」と引き換えに品位や信念を安易に捨て去る存在に過ぎなかった。こうした大衆の「無世界性」に全体主義運動はつけ込み、帝国主義的要素を誇示して働きかけた。

そのプロパガンダは大衆が歴史の使命に「選ばれているという大いなる幸福」を感ぜるように訴えかけた。「無世界性」故に「「日常的な問題」に関しては全く無関心」だった大衆は「世界観的な問題」には興味を抱いた。自身の手の届かない場所で生じた変化によって従来の生活を失った大衆は身近な問題よりも大きな話に吸い寄せられていった。

†エリートと大衆

運動のプロパガンダを魅力的に偽装したのがエリートだった。このエリートは知的あるいは芸術的な層を指し、支配階層に属したブルジョワジーや後に触れる運動の幹部とは別物である。大戦に従軍した「前線世代」だった彼らは、巨大な軍隊に埋没して暴力を行使した総力戦の経験から世界を解釈し、個人を尊重する既存の道徳の無力と皮相さとを喧伝したのである。

エリートは従来の規範が尊重した個人を、現実が容易に打ち砕くことを理解していた。また、個人を打ち砕くその抗《あらが》いがたい力に埋没することに意義を見出した。それは先に見た帝国主義時代のロレンスに近い感覚である。両者は巨大な力への埋没を愛した点に共通項があり、違いは前線世代が戦争という「個人間の一切の差異が消えうせる最も壮大な大衆行動」を経験した点だった。「白人の責務」という幻想に意義を感じたロレンスらとは異なり、前線世代は意味も分からぬままに振るわれる暴力行使の一部となる非人間的事象それ自体を尊んだ。そうしたメッセージ性を帯びた彼らの芸術は「かぶり心地の悪い偽善の仮面を捨ててモッブの基準を公然と受け容れる勇気をすべての人に与えた」。

†予言としてのイデオロギー

エリートの芸術が大衆に受け入れられたことは、「人間なぞ巨大な大量殺戮《さつりく》機械の小さな歯車にすぎない」という倫理的虚無感を社会が受容したことを写している。そうした状況下で全体主義運動は、イデオロギーを受容させるように工夫をこらした。将来の予言として粉飾したのである。

先にも示した通り大衆は世界観的な主張に吸い寄せられていた。そのため「歴史の出来事の一切を根本的大原因に起因させることで必然性の鎖に結びつける」見解を受け入れることができた。人種主義的反ユダヤ主義を全面に提示したナチスの場合、人種淘汰という歴史の必然性の鎖に縛られた予言を大衆に示した。

反ユダヤ主義の従来的主張を凝縮させた偽書「シオンの賢者の議定書」を用いて、これを非難した。秘密結社を通じてユダヤ人が世界を支配しているという陰謀論を喧伝し、その上で「最初にユダヤ人の正体を見抜いて戦った民族がユダヤ人の世界支配の地位を引き継ぐだろう」と予言した。優れた民族が支配的地位につくとする従来の種族的ナショナリズムに、ユダヤ人の世界支配という反ユダヤ主義におなじみの主張を加味することで、地位の簒奪《さんだつ》という具体的な将来像が提示された。安定した生活を失い虚無感に浸っていた大衆に、かつてのモッブと同じ「成り上がり」の野望を抱かせたのである。

†生ける組織と擬似現実

ユダヤ人の絶滅が歴史の必然であることを主張する人種主義的反ユダヤ主義と、その必然の流れを加速させた民族が支配者の地位に就くという主張との混合したナチのイデオロギーは運動を勢いづかせた。プロパガンダに煽られて運動に加わった一部の大衆は、そのイデオロギーが単なる宣伝ではないことを自覚した。彼らは非ユダヤ血統の証明を入党時に求められた。そうした手続きは、党のイデオロギーが党員一人一人の重大問題であることを納得するように演出されていた。

アーレントはイデオロギーをアイデンティティと関連づけるその手法を、日常の常識的見解から入党者を引き離した点で評価している。入党者は「無世界性」に浸る孤立した大衆から、自己確認の手段を獲得した活動的存在へと変化する。加入した政党がユダヤ人との闘争に取り組んでおり、その闘いは自身と世界にとって本質的なものであると錯覚させられることで、成員は献身した。市民と貴族、労働者と資本家のような対立よりも党員のアイデンティティに関わる反ユダヤ主義の方が本質的問題であることを感得したのである。

党員を社会の常識的な見解から切り離し、運動の主張に自己確証という形で同化させた全体主義は、組織の根本にイデオロギーを据えた。汎民族運動と同じくイデオロギーを体現した「生ける組織」を構成したのである。全体主義政党は、そこに所属している人間を現実から遠ざけつつも、彼らの経験に合致するような事実の一部を取り出し極端に誇張することで、イデオロギーの荒唐無稽な主張に説得力を持たせ囲い込んだ。

例えば、国民国家への資金提供を担ったユダヤ人の人脈を世界支配の陰謀論と関連づけ、プロパガンダに説得力を持たせた。ユダヤ人は世界的ネットワークを有し、裏で世界を操っている。この嘘が、人脈という断片的事実の提示によって受け入れられ、現実とのズレを見失わせた。むしろ首尾一貫した嘘に党員は納得させられていった。

イデオロギーはその内容が党員間で相互確証を繰り返されることで事実となる。いわば全体主義の「生ける組織」は、「緻密な、矛盾のない嘘の網」を組織に張りめぐらせることで、嘘を現実として組織内に留めおくことを可能にしていた。

†全体主義的組織

嘘を擬似現実とする組織はまた、玉ねぎ状に構造化するという工夫が施されていた。組織の中心には指導者が存在し、周囲に幹部構成員、一般党員、シンパサイザー（賛同者）、そして全体主義に敵対する日常世界が同心円状に配置された。各層が、自身より中心に属する成員の擬似現実の維持に貢献した。

こうしたレイヤー構造をアーレントはシンパサイザーと一般党員との関係から説明している。仮に、組織がイデオロギーの嘘を擬似現実化し、成員間でそれを共有していても、外部が繰り返し異議を挟むならば、維持は覚束ない。そのため、党とそれを取り巻く周辺との間には両者を遮断する層が必要となる。

その層がプロパガンダに共鳴したシンパサイザーである。シンパサイザーは党員とは異なりイデオロギーを自己確証の手段として内面化せずに、一つの意見として支持する層である。全体主義イデオロギーを意見として支持しているシンパサイザーは、運動の嘘や過激性を隠蔽《いんぺい》する役割を果たす。外部から投げかけられる疑義が彼らに向かい、議論され、いち意見として認知される。

逆に党員は周辺のシンパサイザーによって外部の現実や批判から隔離され、同時にシンパサイザーの内向きのファザードから一般世界に運動が受け入れられていると錯覚する。運動の嘘は、こうして組織の中で擬似現実として維持され続けるのである。

†運動参加者の意識

全体主義組織はそのファザードが幾重にも重ねられていた。過激さに差のある層を配置することで中心の純粋性を保つことを可能にし、イデオロギーを馬鹿正直に受け入れた中核的構成員によって組織の活力が維持されたのである。

玉ねぎ状の組織はまた、世界を中心と外部との二つに分かつ成員の意識に支えられていた。外部層はイデオロギーを未だ正確に理解していない潜在的な敵として、内部層は逆に、運動を支えるイデオロギーの奥義を知る存在として色分けされていたのである。

全体主義組織は、この二分法を成員に習得させて内部の嘘を現実の代替物として機能させた。組織の成員は、常識的な反応を見せる外部を無知と見下すことで自己了解した。周辺世界が躍起になって運動の嘘を暴露しようとしても、イデオロギーへの信頼は揺らがなかった。

全体主義運動は、権力奪取後に社会全体をこの構造に取り込んでいく。その結果、運動に疑義を挟む外部は失われ、一般人も自己確証のためにイデオロギー認識が強要された。社会の全成員に血統証明が求められ、非ユダヤ人の確証が必須となった。市民は証明されない場合に降りかかる危険を意識させられ、イデオロギーの重要性を実感した。こうして人々は嘘を擬似現実とする「生きた組織」への加入と、そこで息づくイデオロギーに染まっていく。全体主義的イデオロギーが社会に蔓延したのである。

†指導者の役割

こうした社会の中心にいたのが指導者である。権力奪取までは個人的才覚が求められたその存在は、体制成立後には全体主義組織の求める一機能となった。彼は権力奪取の過程でイデオロギーを真実味のあるものにする嘘を用い、組織を機能させる人事を采配する才覚が求められたが、権力奪取後には運動全体の意志を体現する機能を担ったのである。「一切の悪行に対して、彼が全面的な責任を一切引き受ける」ことで、全体主義の組織は機能した。党員は指導者の名の下に行為し、指導者は全責任を引き受けた。

帝国主義の「官僚制」や反民族運動に見られたこの指導者原理は、運動がイデオロギーという「高次の目的」や歴史の必然のような巨大な力に依拠することを象徴する。同時にそれはイデオロギーの無謬性《むびゅうせい》を保証するものでもあった。神の代理人たる民族の意思を体現する指導者は、あらゆる場面での成功を約束し、失敗は許されない。失敗はイデオロギーの必然性に対する疑念を抱かせるからである。そのため、失敗は元から存在しなかったように隠蔽された。指導者の引き受ける責任は、こうしたまやかしに支えられていた。

全体主義運動の指導者は、「これまでにおいても、これから先も、常に正しい」ことになる。しかし、指導者が実際に発した言説が常に予言を的中させ、あるいは事実と常に一致することは不可能だろう。指導者の無謬性はイデオロギーと嘘とを維持、反映するように構成された全体主義的組織に支えられねばならなかった。

†イデオロギーの実現

嘘を現実とすり替えた全体主義組織のこうした「正しさ」についてアーレントは「指導者の言葉を文字通り信ずることは、シンパサイザーだけにしか期待されていない」と指摘している。党員の多くは指導者の言説が誤りを含むことを了解しており、むしろその発言を文字通り受け入れないように教育されていた。

そうした二重基準は、全体主義的組織が現実を抹殺して虚構に置き換えることを容易にする。人員が現実改変を担うことによって、あるいは、その組織に属する人間が現実と嘘との境界線を常に曖昧なままにすることによって、虚構に置き換えるのである。

こうした傾向を典型的に示したのは組織の中核たる幹部構成員である。彼らは「あらゆる事実認定をただちに意思表明に解消してしまう能力」に長けており、事実や、その周辺世界を積極的に改変することで地位を得た。彼らは「「ユダヤ人は劣等人種である」という説明が「ユダヤ人は絶滅される」意味であることをただちに了解する」ことができた。イデオロギーの奥義は現実の改変を積極的に推し進める点にあった。

現実の改変は、組織の人事に典型的に現れていた。例えば「青い目と金髪と一・七〇メートルの身長」を選抜して構成されたナチの親衛隊は人種イデオロギーの現実化だった。イデオロギーに依拠した人材選抜を行うことで、組織内に目指すべき「人種社会」のステレオタイプを登場させたのである。

幹部構成員はこうしてイデオロギーの現実化手法を学んだ。そうして「人間は全能である」という確信、「すべては許されている」というニヒリズム、「すべては可能である」という現実否定を身につけた。その一部は大衆の「無世界性」にも通じるが、イデオロギーを現実化する方途を確保したことで、より攻撃的に変化していた。「所与の現実はすべて一時的な障害にすぎず、優れた組織があれば克服しうる」と考えられたのである。

全ての人間を組織に組み込み、淘汰される人間をイデオロギーから恣意的に区分し、下された決定に疑義を挟ませないようにその実現に駆り立てることで、全体主義運動は社会を支配した。組織と運動が維持され搦めとられている限り、成員はその現実から逃れることもできないし、信奉されているイデオロギーの是非に疑問を挟む余地もない。こうして社会の全体的な支配が完成したのである。

3 支配の実相

†指導者原理と密告による組織統治

社会を全体主義化することで運動の目的が達成されたわけではない。むしろそれ以降に本性が露呈した。アーレントは、国家機構への順応によって全体主義組織の活動が沈静化しなかった点を指摘している。

全ての国民を包含してイデオロギーの実現へと駆り立てる「生ける組織」が成立しても、全体主義はイデオロギーの無謬性を保持して運動を継続せねばならない。しかしほとんどの国家機構は、嘘を基盤にした擬似現実に背反する事実を所管する。そのため機構のもたらす事実の衝撃から運動は守られねばならなかった。

事実への対応策は、既存の制度に併置するように機構を新設することだった。全体主義体制はそうして併存された機構のうち、どれが決定権を有して実際に業務を担当するのかを明示しなかった。各機構は指導者の指示を仰ぐように仕向けられたのである。

権限や組織の運用、情報や人事等が不明瞭な状態に置かれ、上部の決定に左右され続けることで、指導者への関心は強化された。こうして、業務と無関係な指導者の意思やイデオロギー的な党の方針が、業務の成果よりも組織に影響を及ぼすことになる。非党員の官吏からも「特定の仕事や任務への純粋な関心をすべて失わせ、行為というものはすべてその行為とは全く異なる何事かのための手段としかみなされない」意識を浸透させる。現実を扱う業務は軽視され、代わりに運動や党の方針が重視された。

その影響は人事に顕著だった。指導者原理の浸透だけでなく、密告を通じて犯罪的に地位を追い落とす手法が導入されたのである。密告は機構の成員の意識を動揺させた。自身の得た地位が密告という手段に依拠することが示唆されると、その者は共犯意識を抱かされる。そして、罪責意識を打ち消すかのように「感受性が強ければ強いほど、味わわされた屈辱感が痛切であればあるほど熱心に体制を支持する」ようになっていった。

†秘密警察と絶滅収容所

既存の制度を含む社会全体が全体主義的な組織と擬似現実、そして指導者原理に取り込まれていく中で、現実を改変する強力な組織が運用されていく。それが秘密警察と絶滅収容所である。「すべてが許されている」という認識と「すべてが可能である」と自負して現実の改変を行った運動の中核に位置した幹部構成員は、体制の成立以降、その二つの組織に集約されていった。秘密警察は、イデオロギーに従って住民を人種的に選抜して収容所に送り、あるいはその場で殺害した。絶滅収容所は、「すべてが許されている」という運動の傲慢を戯画的に、あるいは悪魔的に現実化した地上の「地獄」だった。

アーレントによれば、どちらの機構の犠牲者も無害な一般人だった。一部に政治犯のような存在も見られたが、それはあくまでも周辺国に対するアリバイ、あるいは見せかけにすぎなかった。秘密警察は運動の掲げたイデオロギー、すなわちユダヤ人が劣等人種でありその絶滅は歴史の必然であるという主張を現実化する機関だったからである。イデオロギーを現実のものとする暴力、テロルを担う組織であった。

†イデオロギーとテロル

現在用いられているテロの語と、アーレントのテロルとは意味が異なっている。原語はともに terror だが、両者を比較すれば次のようになる。権力奪取の過程で全体主義政党は暴力を行使し、プロパガンダでそれを誇示した。そうして喧伝された暴力は敵対者への威嚇として用いられ、社会不安を引き起こす点で、現在のテロの語の示す内容に近いと言える。しかし秘密警察のテロルは、党が権力を握り、支配地域にめぼしい反対者が存在しなくなり、暴力の宣伝的効果に意味を見出せなくなってはじめて顕在化する。つまりテロと異なりテロルは、対象や周囲の意思、反応と無関係に行使される。

全体主義運動は、疑似現実を前提にしているために常に成員を不安定な状態におかねばならず、そのためにテロルが求められた。全ての人間が組織に組み込まれてしまえば、ナチの人種イデオロギーの要点である人種淘汰の作用は鈍化するだろう。そうした安定状況は、組織の基盤たるイデオロギーの嘘が暴露される危険性を高める。テロルは、それを回避するためにあえて変化を持ち込むように用いられる暴力である。

テロルは、無垢な一般人をイデオロギー的に淘汰されるべき敵、すなわち「客観的な敵」と規定し、犠牲者を選抜した。イデオロギーの「一定の法則から論理的に矛盾なく算定されるすべての可能性には、それに対応する一つの現実があらねばならぬ」という思考で敵の出現が予言されれば、必ず存在していい、い、い、るからである。敵とされた無垢な犠牲者はこうして狩りたてられた。嘘に基づく現実改変はこうして、社会の全体主義化の完了ののちも継続した。

†忘却の穴

秘密警察のテロルは様々であるが、特徴的な手法の一つに対象者を最初から存在しなかったもののように処理する方法がある。運動の無謬性を維持する秘密警察は、イデオロギー的に存在してはならない余計なものを処理するために、あらゆる事実を無きものにした。対象となる者の人間関係を可視化、地図化し、犠牲者とその存在を記憶しているあらゆる者を社会から抹殺した。いわば社会に「忘却の穴」を生じさせ、イデオロギーの論理上存在すべきでない犠牲者を、跡形もなく消去した。

その穴の外縁にいた者は、微かな記憶があろうとも保身から沈黙を保つ。その変化に「市民は慣らされねばならない」。自身の身にそうした変化が降りかかることを恐れ「相互の不信と相互の猜疑《さいぎ》が全体の雰囲気を支配する」社会で、誰もが従前と変わりがないかのように受け入れる。市民は現実が繰り返し改変されることを経験していくのである。こうして犠牲者はそもそもいなかったものとなる。

全体主義的社会は「すべてが可能である」という運動の確信を現実化した。大衆はテロルの醸し出す雰囲気に取り込まれ、その運動に没入したり、あるいは変化を看過したりすることで、その確信を受容した。

†絶滅収容所という地獄

一人の人間や家族がある日突然消えてしまうことが表面化せず、問題ともされない社会において、絶滅収容所は中核的な役割を与えられた機関だった。「すべてが許される」という幹部構成員の傲慢を現実化し、運動の構成員にもその確信を理解させるという役割である。

その施設は人間を、できの悪いロボットのように、全く同じように反応する「反応の束」として仕立て上げ、死をも唯々諾々と受け入れる存在へと改変した。人間をそうした反応をする「ヒト科の動物種」へ貶《おとし》め、完全に予測可能な存在を創出したのである。

こうした努力はイデオロギーの予言を磐石にするためになされた。歴史はこうした予測可能な反応が集約された必然の過程である。その様を目の当たりにした幹部構成員は、人間に対する最後の信頼を喪失するだろう。個性や自発性、あるいは人間の善意や尊厳という西欧の思想的伝統が尊重し続けた要素は幻想にすぎないと実証したのがこの場所、絶滅収容所であった。

アーレントは絶滅収容所の果たした全体主義内での役割に加えて、その施設の持つ前代未聞さを様々に取り上げている。収容された犠牲者は、テロルによって選抜された一般人だったが、いくつかの段階を経てそこにたどり着いていた。法的人格と道徳的人格とが剝奪され、個体性も抹消された人々である。

法的人格とは市民としての権利である。『帝国主義』で示された国籍の剝奪がそれを象徴するが、ユダヤ人は恣意的に国籍を剝奪された後、不法滞在者として駆り立てられた。仮に彼らが国外に脱出したとしても、故郷喪失者として扱われたため、いかなる国家からも保護は与えられなかった。彼らは権利を認められないまま恣意的に、「官僚制」的に扱われ、その行き先は絶滅収容所以外になかった。

道徳的人格の剝奪は、そうして駆り立てられた人々が、「忘却の穴」に投げ込まれ、他者との交流が絶たれた状態を指している。「忘却の穴」に投げ込まれた個人は人間的な交流を奪い取られ、彼を中心に構成された人間関係さえ余計なものとして社会から取り除かれた。誰もその犠牲者の顔も性格も覚えてはおらず、覚える必要もないものとして扱われたのである。

犠牲者はまた、移送先でも人間的交流を妨げられた。人種や民族などによって恣意的に分類、管理され、暴力の行使が繰り返される環境の中に放置された。どの集団に属するのが有利で、明日も命を繫げられるのか不明な状況に追い込まれながら周囲を疑い、他者との交流を失ったのである。一部はさらに、収容所の管理業務を担当させられた。彼らはAとBの犠牲者のいずれを殺害するのかを日々選択させられる状況に直面した。交流を持ち、互いに人間であることを確認し合うべき同朋を抹殺する業務に従事すること以外に収容所で生きながらえる道は残されていなかった。道徳的人格を保証する絆《きずな》を犠牲者自身が破壊するよう仕組まれていた。

もちろん、こうした状況の中でも個人は抵抗の感情を内面に抱くことで道徳的人格の完全な喪失は回避されたかもしれない。しかしアーレントは、全体主義が意思や自発性を徹底的に排除することで、その芽を摘み取ったことを示した。

犠牲者は、精緻に組み上げられた様々な拷問を経験する中で、自らの意思を表明する能力を剝奪されていく。「一輛の家畜用貨車に数百人の赤裸の人間」が「ぴったりとくっつきあって押し込まれ」、何日も引き回された後に収容所に到着すると「頭を丸坊主にされ、奇怪な服を着させられる」。そして、あえて「人間の肉体が簡単に屈してしまう」ことのないように計算された拷問が加えられ、意思を表明する能力がそぎ落とされる。それを経験した人間は、人格を有する個人から、同じ反応を繰り返す「反応の束」へと変化せざるを得なかった。絶滅収容所は、組み上げられた暴力で個性を奪い取り、人間が同じ反応を機械的に繰り返すパブロフの犬のような存在であることを実証したのである。

†根源悪の具現化

こうした施設をアーレントは現実に出現した「地獄」、前例のない悪であると断じた。同時に、そうした悪を把握し理解することがヨーロッパの思想的伝統からは困難であることも指摘した。人間を「反応の束」へとシステマティックに追い落とし、犠牲者及びその周辺を周到に「忘却の穴」に落とし込む体制は、正確無比に一人の人間を存在しなかったものとして扱い、彼が世界にとって不要であることを証明しようとしていた。

アーレントはこうした体制をカントの「根源悪」(radical evil) に合わせて考察している。

人間には自ら悪をなそうとする根源的傾向があることを示唆する概念である。その語を用いたカントは悪の問題の対処に行為者の動機理解を求めている。そうせねば、なぜ悪がなされたのかを理解し、処断することすら困難だからである。

カントは、悪をなす存在を理解可能だと想定していたのに対し、全体主義は、理解の前提である人間性を剝奪することに注力した。人間をパブロフの犬に貶める制度を国家次元で実現させ、何百万人もの人命を計画的に奪うシステムを構築したのである。これを人間のなした理解可能なものとして受け入れることは難しい。「根源悪」においては、悪は人間の有する傾向だという前提がある。しかし、繰り返しになるが全体主義は、その人間、あるいは人間を構成する要件を攻撃した。それは悪の動機を了解可能にする前提を掘り崩す試みだった。

こうした思索の末、アーレントは絶滅収容所の体現した悪が「人間は余計なものである」という確信に関わることを示した。秘密警察のテロルは、犠牲者が社会に存在していなかったものとして「余計なもの」であることを証明した。官僚機構は犠牲者らが法的に無価値であることを国籍の剝奪によって示した。絶滅収容所とそこに至るまでの環境は、犠牲者を人間ならざるものへと組み換えるものだった。犠牲者たちは自身が「余計なもの」であることを繰り返し突きつけられ、死を望むよう改変され、それが与えられることで存在を否定された。

†人間性の徹底した軽蔑

身も蓋もない指摘だが、ナチのイデオロギーがユダヤ人絶滅を目指すだけなら死を与えるだけでよかった。しかし絶滅収容所や「忘却の穴」は、ナチがそれで満足せずに、イデオロギーの実現に不要な人間性を排除したことを示している。その実践を支えたのは、階級社会の崩壊から登場した大衆や、汎民族運動に駆り立てられたモッブにお馴染みの、第二次大戦前のヨーロッパ思潮に澱《おり》のようにこびり付いた倫理的虚無感である。彼らもそれぞれに「余計なもの」として扱われ、あるいはその感覚を得る経験をしていた。ただし、それらとの決定的な違いは、全体主義がその確信をもとに反ユダヤ主義という中古の観念の寄せ集めを信奉し、最も醜悪な形で現実化したことである。

絶滅収容所が表した悪が、人間を「余計なもの」とする全体主義の確信と無関係ではないという指摘は、単にモッブのような社会的脱落者の経験が時代を経て一般化したことを示すものではない。私たちを形作る人間性そのものが不要どころか取り除くべき腫瘍のようなものだという、さらに歪んだ了解が蔓延し力を持つようになったということである。あたかも人間以外の何ものかが、将来の地球環境のために人類を絶滅させる判断を下したような、出来の悪いSF映画のモチーフの実現を全体主義が馬鹿正直に追求したようなものである。先の「根源悪」

の議論が示したのは、カントに象徴される西欧の思索の伝統が、こうした非人間的動機をまじめに検討することがなかったことだろう。

人間性そのものを「余計なもの」とする確信は、その実現に邁進した幹部構成員自身をも「余計なもの」とするグロテスクさにも表れた。成り上がりを望んだモッブの人間的動機と彼らを比べると、運動の歯車であることを自覚しながら歴史の必然の進展を加速させる点が異様だった。

どんな現実よりも、どんな人間よりも首尾一貫したイデオロギーの現実化が尊重された。こうした人間性への徹底した軽蔑がイデオロギーの最奥に鎮座し、それに従ってテロルは実行されたのである。ナチの全体主義は反ユダヤ主義や帝国主義などの様々な要素の雑種的混合から生じたが、絶滅収容所のような地上の「地獄」を現実化した最後の欠片は、自身をも換えのきく存在としてイデオロギーの実現を馬鹿正直に目指し運動の中核を支えた構成員だった。

第四章　『人間の条件』――政治哲学の伝統

1　全体主義との対決と哲学への回帰

†全体主義と「始まり」の哲学

『全体主義の起原』で人間性を否定する新しい支配体制を確認したアーレントは、その後、思想的にそれと対決することを選んだ。人間や人間を形作る要素を「余計なもの」としてそぎ落とし、「反応の束」が生み出された現実を無視できなかったからである。

全体主義への継続した関心は『全体主義の起原』の改訂版が一九六八年に出版されたことに示されている。加筆された最終章は新しい人間の「出生」(natality)が新たな「始まり」(beginning)だと主張した。五一年の初版では、マルティン・ルターを巻末に引用して人間は孤独ではないと論じたが、改訂版ではアウグスティヌスの「始まりが為されんために人間は創られた」という言を引いて、人間による新たな「始まり」がイデオロギー的思考に囚われた全体主義克服の鍵であることを示したのである。

「始まり」による全体主義の克服とは、歴史的必然性に応じたものである。その体制は人間が「反応の束」で、歴史がその反応に基づく必然だと見なすイデオロギー的思考様式に囚われていた。人種的劣等者のユダヤ人はいずれ絶滅し、運動はそれを早めるにすぎない。全体主義の根底にあるこの発想に反発するようにアーレントは考察を進めた。

もちろんイデオロギーへの関心は『全体主義の起原』にも確認できる。ナチのイデオロギーがナショナリズムや人種主義、社会進化論などの中古の観念の寄せ集めだったことは前章で見たとおりである。しかし、手《て》垢《あか》のついた観念の雑種が絶滅収容所という前代未聞の施設を実現させた理由は判然としなかった。人間が根本的に持つ傾向としての「根源悪」と、人間性を「余計なもの」とみなす傾向とを暫定的な回答としていたにすぎない。

アーレントはそれに必ずしも満足してはいない。悪は第六章で見る『エルサレムのアイヒマン』で、「余計なもの」は本章で扱う『人間の条件』でさらに検討される。

こうした関心は、ナチのイデオロギーそのものではなく、基底にある思考様式の研究へと形を変えた。アーレント研究者マーガレット・カノヴァンによれば、カール・マルクスの批判的検討を通じて獲得され、以降の見解を方向づけた思考形式である。

本章が最初に扱うのはこのマルクス研究である。それには主に次の三つの特徴が認められる。第一に、マルクスが歴史を必然の過程として理解したこと、第二に、そうした理解の政治哲学への影響、第三に、政治哲学の伝統が彼において終焉を迎えたという理解である。歴史を必然と見なす発想が全体主義に固有の突然変異的産物ではないことを示す基本的論点である。

†政治哲学の伝統

『過去と未来の間』に収められた小品、「伝統と近代」によれば政治哲学は哲学者の生き方に近い観照的生活（vita contemplativa）を、活動的生活（vita activa）よりも尊重した。哲学に基づく理想の実現を望むプラトンに端を発する伝統である。

伝統の起点に位置するプラトンはソクラテスを死刑にした世俗の政治を排して「哲学者の生活様式を樹立すること」を望み、哲学者の楽園の樹立をもくろんだ。序章で触れた「哲学の政治に対する敵意」から政治哲学は生じたのである。

こうした伝統自体は多くの研究者に指摘されている。ただし、それを「敵意」と表現して否定的側面を強調している点は興味深い。哲学者は、自身の主張を既存の価値観と対立させることで自説の地位を高め、その対立を転倒させることで自説の正当性を立証しようとした。

アーレントが例に挙げたプラトンの『国家』では次のようになる。彼は、英雄たちの活動的生活を讃えた詩人の世界観に、哲学者の観照的生活を対置した。哲学に現実での活動と同等以上の価値があるように装い、詩人の詠んだ神々と英雄との活動に彩られた「神話の終わるところに哲学《イデア》が始まる」と主張した。両者の地位は逆転されるべきで、詩人の伝えた活動的生活よりも哲学者の観照的生活を評価する世界観を喧伝したのである。

†労働の導入

転倒手法の継承は、次に見るマルクスの主張が突然変異的なものではなく、むしろ私たちの思考の伝統の延長線上に位置づけられていることを示している。つまり伝統の末端に位置するマルクスの主張も、そうした転倒の結果として生じたものだった。

マルクスの転倒対象はプラトンの示した哲学の地位だった。観照的生活ではなく活動的生活に含まれる「労働」(labor)が尊重されることで、理想実現を目指した政治哲学のプラトン的意図と、哲学を最上の人間的な営みとする最初期の価値観が転倒された。すなわち、「労働」そのものに価値が見出され、政治を用いて哲学の理想を実現する従来の手法が改変されたのである。こうした転倒は「労働」を歴史的発展の観念と結びつけることで可能になる。「労働」は、発展を担うという生産的な最上位の生活様式となった。

こうした主張は政治哲学の伝統における政治の廃棄を意味している。日々の「労働」の継続が必然的に発展を促すなら、「理想の国家を描き出そう」と自発的に行為する者は不要である。「労働」の従事者は理想を意識せずともかまわない。政治という意識的営みを用いる哲学の伝統はマルクスにおいて終焉を迎えたのである。

2 手段としての制作

†『人間の条件』の位置づけ

アーレントは人間の意識的行為が不要であることと、歴史的必然の概念を関係づけてマルクスと政治哲学の伝統とを論じたが、その論理は西洋の思想的伝統の正当な後継者だったことを示している。人間の自発性を否定した全体主義の発想は決して突然変異ではなかった。

イデオロギー的思考様式についての理解を、アーレントはさらに発展させた。伝統が前提した観照的生活と活動的生活とのハイアラーキーや「労働」の役割、あるいは歴史的必然の強調と政治という自覚的営みの否定に関心を向けたのである。

以下では、こうした関心に基づく『人間の条件』を扱う。まず作品の射程を確認し、活動的生活に見られる三つの行為類型を概観する。その後、現代の傾向について表現された「世界疎外」（world alienation）を用いたアーレントの議論を確認する。

『人間の条件』を扱うにあたりまず、タイトルに用いられた条件（condition）の意味を確認しよう。それは、人間の本質や本性を示すものではなく、「人間が接触するすべてのものが直ちに人間存在の条件に変化する」ことを念頭に置いた用語だった。

この「条件」を説明する際にアーレントは、自身の立場と従来の哲学とを対照させた。哲学は繰り返し人間を定義し、人間一般の「本質」を論じた。すなわち「人間とは何（what）か」を論じてきたのである。例えば本書の第一章で見たハイデガーは、存在を問う孤独な現存在として人間を規定した。しかし、こうしたアプローチは「自分の影を飛び越えようとする」のに似た「回答不能」なものを扱っている。アーレントに言わせれば哲学の立論は人間を超越した神や、それに類する立場から問いを発するものである。

『人間の条件』はそれには答えない。代わりに「私たちは何者（who）なのか」が扱われた。哲学で人間を扱えば各人の個性は余計なものとして捨象されるだろう。しかし私たちは、日常で相手が「何者」かを知っている。「私たちは何者なのか」という問いは日常の生活世界で了解されているそうした側面を扱う。いわば見逃されている私たちの日常生活を現象学的に還元しようと試みたのである。

る。

†古典的区分の役割

『人間の条件』は、ヨーロッパの思想的起源である古代ギリシアの枠組みをも参照した。先の「伝統」が、古代ギリシアを起源に持ち、さらにはその枠組みを転倒したものだったからである。

『人間の条件』で参照された古典的な概念や区分はいくつかある。例えば、政治哲学の伝統の軸をなす観照的生活と活動的生活との区分や、プラトンが転倒した活動的生活の内的ハイアラーキーなどがある。加えて「活動」の領域とされた「公的領域」(public sphere)と、対概念である「私的領域」(private sphere)との区分も無視できない。公的領域で「活動」がなされるという、アーレントの主張を形作るからである。

『人間の条件』の様々な区分の中で、まず注目すべきは活動的生活内部のハイアラーキーだろう。その作品の主な議論は「労働」(labor)、「制作」(work)、「活動」(action)という三つの行為類型に関わっている。それぞれの行為類型に「人間が接触するすべてのものが直ちに人間存在の条件に変化する」という「条件」としての性格が確認されている。

あらかじめ指摘しておけば三類型のうち政治哲学が高く評価したのは「制作」である。逆にプラトンの転倒以前の最高位には「活動」、最も低い地位には「労働」があった。そしてマルクスはそれを転倒して「労働」を最上位に据えた。こうした経緯を視野に入れてアーレントは自らも三類型を検討した。

†制作の規定

三つの行為類型のうち本章で最初に扱うのは「制作」である。政治哲学の伝統への関心を背景に著された『人間の条件』でアーレントは、この「制作」を基準に残りの二つを対象的に扱った。作品での順序と異なるが、基準となる「制作」から確認していきたい。

「制作」とは、特定の目的を達成するためになされる行為である。例えば芸術家は、作品を生み出す目的を達成するためにそれに従事する。いわば「制作」は、目的-手段の原則に則っている。こうした「制作」の特徴を前提に、目的の設定から作品の産出に至るまでの問題が検討された。第一は、目的-手段的な行為類型そのものの問題点、第二は、「制作」に関わる時間の問題である。

†目的の重視

第一の目的-手段に関する問題とは、「制作」が特定の目的を達成するという行為様式から派生する。例えば、先の芸術家の例から理解できるのは、行為としての「制作」が芸術家の抱く作品イメージのような目的に導かれてなされる手段だということだろう。芸術家は目的を達成するために素材を選び、道具を揃え、時間を捻出して「制作」に従事する。「制作」過程全体は、作品の完成という目的に支配された手段である。

「制作」をこのように理解するとき、それが芸術だけに適用される行為類型でないことも理解できる。例えば「制作」は、哲学者の理想を現実化するのにも都合が良い。観照的生活から獲得された理念を現実に反映する際に「制作」は手段を提供するからである。

プラトンが政治哲学を論じた『国家』において有名な哲人王の主張を展開したのは、「制作」の目的－手段的発想から説明できる。すなわち哲学者の示した観念的な目標に現実は支配されるべきだという立場から、政治がその手段として語られた。

†最終生産物の耐久性

第二の時間性の問題とは、「制作」が生み出した最終生産物の耐久性と、それのもたらす効果に関わるものである。「制作」者は、目的を設定し、実際の「制作」に携わり、最終生産物の出現で一つのプロセスを終える。しかし、「制作」によって生み出された最終生産物はその後も残る。こうして残存する最終生産物の耐久性に「制作」のもう一つの特徴が確認できる。

普段、私たちは最終生産物に囲まれて生活している。アーレントはその環境から私たちが、自身の生活する世界の実在や安定性を了解していることを指摘した。例えば古代の芸術作品は、私たちが生まれる前からそれが存在し、没した後にも存続するだろうことを伝えている。そうしたメッセージは芸術作品だけでなく耐久性を持つ全ての最終生産物が発している。それらに満たされた世界も、いち個人の生を超えて存続することを伝えているのである。

こうした耐久性への論及の背景として次の二点を指摘できる。一つは哲学、もう一つは全体主義である。前者については、第一章で触れた「実存主義とは何か」を思い出せばよい。それは世界の実在に関する哲学の疑義を扱っていた。アーレントは、こうした見識を踏まえて最終生産物の耐久性とそれに満たされた世界を論じている。つまり、哲学的認識とは異なる、私たちの日常的な世界の了解を確認したのである。

アーレントの指摘はまた、世界の了解が哲学に固有の難問ではなくなったことにも関係している。耐久性に関するもう一つの背景、全体主義の登場である。繰り返しになるが全体主義は日常世界をイデオロギー的に改変した。「忘却の穴」に象徴されるように、過去も未来も人間が容易に変更可能だとした傲慢は、私たちの世界了解を動揺させるものである。

全体主義の影は、道具という最終生産物を扱った別の議論にも見出せる。道具は、それ自体が固有の使用目的を持つため、人間の恣意を排して独立して存在している。ハンマーはハンマーとして用いられることを、その形状と使用目的によって体現しているというのである。当然、こうした道具に満たされた世界も、人間の恣意に左右されない独立性を帯びるだろう。世界の一部を構成する道具の性格を解き明かすことで、時間的な安定性のみならず人間の恣意に抵抗して自立する世界の存在を、私たちがあらかじめ了解しているとしたのである。それは、世界を恣意的に、いかようにも改変可能だとした全体主義の態度と対照をなす議論だった。

†消費と使用

道具論はさらに「制作」自体の問題を指摘する。アーレントはまず、事物を用いる人間の態度を使用と消費とに区分した。使用とは、特定の用途を持つ道具が繰り返し用いられるあり方を指している。例えば、道具としての機能を果たせなくなり、耐久性が失われるまでハンマーは繰り返し釘打ちに用いられるだろう。

これに対して消費は、例えば木材を素材として本棚を生じさせるような活用形態である。木という本来の姿が破壊され、消費されることで木材は目的に貢献する。つまり、一度消費されれば本来の姿を失い、再び同じように役立つことはできない。

「制作」者は、道具の使用を通じて世界の独立性を経験する一方で、世界を恣意的に扱うことも経験する。例えば、棚を作るのに必要な木材を入手する代わりに手元の道具の一つである机を破壊して棚板としたり、あるいはハンマーを用いずに靴の踵《かかと》で釘を打ったりすることもできる。道具の恣意的利用とでも呼ぶべきそのケースでは、同じ棚を作る場合でも、古机が道具としての使用目的を剝奪され天板として消費され、姿を変えないにせよ靴は用途と異なる釘打ちに供されうることを「制作」者に教える。つまり彼は、目的の達成のために何をしても構わないのであり恣意的に行為可能なことを「制作」で経験する。

こうした議論は、「制作」の成果が世界の安定性や独立性を教える一方で、「制作」の経験がそれを歪めることを示している。アーレントは『過去と未来の間』において後者を「ちょうど私が壁に釘を打ちつけるのに靴の踵を用いるなら、私にはその靴の踵をハンマーと呼ぶ権利があるとする」態度として批判した。この恣意性は、世界に存在する事物の本来の使用目的、あるいは「質」(worth)を理解できない「俗物」の徴《しるし》に他ならない。

†俗物的心性と他者

「俗物」の言葉で思い起こされるのは第二章で扱った『ラーエル・ファルンハーゲン』でのゲーテや啓蒙主義の流行だろう。アーレントは流行を追いかけた者たちを「教養俗物」と呼んで批判した。彼らはゲーテ作品の「質」とは無関係な、社会的地位の確保や貴族としての体面という恣意的な基準からそれを流行させ消費したのだった。

「制作」経験が「俗物」的心性を助長させるなら、その心性が「制作」の場に限定されているのかが併せて問われねばならない。「教養俗物」が示すように、事物の「質」を評価できない傾向は「制作」を超えて日常生活の様々な場面で顔を出す。その結果、自身に都合の良い基準を周囲に適用し、扱う危険も生ずるだろう。人間と道具とが異なることが事実であろうとも、その「質」的区分すら理解できないのが「俗物」であり、あらゆる対象を自らの目的のために利用可能だとするのが「制作」経験の教えだった。

こうして他者ですら行為者の利害から評価される危険が示された。啓蒙の流行に便乗してユダヤ人を寛大に扱い、面目を得ようとした「教養俗物」は、その典型である。『人間の条件』は、そのため「制作経験を一般化してしまうことは問題である」と批判する。人間を含む世界が「俗物」によって恣意的に評価、利用される事態が懸念されたのである。

他者を恣意的に利用し、事物の「質」を無視する「制作」の教えは、人間の活動的生活を「制作」だけで説明することの困難を示している。アーレントが処女作でこだわった「隣人の有意性」、すなわち他者を他者として把握することは含まれない。これが当てはまるのは「活動」である。活動的生活が「制作」だけではなく、「労働」や「活動」を含めた三類型とされた理由の一つは、他者が「何者」であるかを知る私たちの日常を理解するのに「制作」だけでは不十分だからである。

この点に、他者を無視することを教える「制作」を政治に導入した政治哲学の特徴が明らかにされている。すなわち哲学は、政治を哲学者の理想を構築する手段以上に評価しないため、そのプロセスに他者がいようがいまいが関心を持たない。「制作」を雛形にした政治に哲学者の真理以外は不要であり、理想の達成を妨げる異論を唱える他者は不要である。哲学の理想は普遍的な異論の余地無き真理であるため、必要なのはそれを達成する手段である。

政治哲学の伝統の起点に見出された「哲学の政治に対する敵意」は、哲学が政治を用いて現実を改変する意図のみを表すものではない。つまり、そこには政治を他者不在のプロセスとして描写する毒が混入していた。この毒は、政治哲学の終焉に位置するマルクスの「労働」論にも確認できるものだった。

3　公私の領域と労働

†労働の概念

「制作」同様「労働」もまた他者不在の行為様式である。アーレントは「労働」の政治哲学への導入としてジョン・ロックとカール・マルクスの議論を検討した。

アーレントの「労働」に関する論点は先に見たマルクス研究に由来している。「伝統と近代」

とそれほど時期が違わない『人間の条件』でも問題意識は共有されており、「労働」は、生命維持に不可欠な行為として位置づけられる。

私たちは空腹に応じて料理を準備し、あと片づけをするが、こうした生命維持に不可欠な一連の行為が「労働」である。人間は生命維持のために食糧を調達するが、そうした消費材の調達、生産行為を「労働」と規定できる。

先に触れた「制作」との違いは、「制作」が最終生産物を残すのに対して「労働」はそれを残さない。また、「制作」が目的－手段の原則に則るのに対して、「労働」は生命維持の必要性に駆り立てられる点で異なっている。

「労働」を生命の必要を満たす行為と規定すると、私たちがそれから逃れ難いことも理解できる。生きている限り空腹から逃れられないように、私たちは生命の必要に応えねばならない。「労働」はそうした内的自然の衝動に応ずる苦役である。アーレントはヨーロッパの古典的図式を援用しながら、その苦役から解放されることがかつての自由の条件だったと述べた。現代では機械が肩代わりする作業を家人や奴隷に押しつけて一部の人間が自由を得ていた。

†古典的区分と労働価値説

古典の区分は時代の現実を反映している。苦役である「労働」から解放されねば人間は、プラトンの称揚した観照的生活はおろか、耐久性を帯びた成果を生じさせる「制作」に従事する時間すら捻出できなかった。『人間の条件』で扱われている活動的生活の三類型のうち「労働」が最下位に位置づけされた理由は、こうした逃れ難さを、つまり他者に押しつけねば自由を得られない「労働」の必然性から説明される。

活動的生活のハイアラーキーを無視して「労働」の地位向上をもくろんだ理論家の一人がロックである。未開の原野を開拓した個人は、その地の所有権を得られる。その権利を認める社会的取り決めがない自然状態下でも、個人が身体を用いて開墾した事実は所有を認めるのに十分である。投下された「労働」によって原野が農地としての価値を得るためである。

この主張は一般に労働価値説と呼ばれる。労働価値説はしかし、次の二点で問題だった。第一は、私有財産を「労働」の成果と捉える点である。農地のような財産は人間が生活する世界の一部たる私的領域とするのが古典の理解であり、その私的領域を占有する権利は「労働」と関係ない。第二は、用いられた例が耐久性を持つ成果を「労働」がもたらすとした点である。先の定義によれば「労働」は、そうした成果をもたらすものではない。

ロックはしかし「労働」が耐久性を帯びた成果を残すという認識を、貨幣の導入も併せて示した。料理のような放置すれば腐ってしまう消費材も、貨幣と交換すれば後に残る耐久性を獲得できる。こうして「労働」は、古典の規定から外れ耐久性を帯びた最終生産物を生じさせると主張された。

†公的領域と私的領域

こうしたロックの操作について、アーレントは古典的な立場からそれを「歴史的には大いに疑問である」と批判した。「労働」が土地のような私有財産、すなわち「世界の中の一つの場所」たる私的領域獲得の基礎的要件であるという彼の認識を指摘した。アーレントは古典に依拠しながら、私的領域は公的領域と対になって世界を構成するものであり、「労働」とは無関係にその存在が認められていたことを論じた。

古典において私的領域は生命の必要を満たす家政（oikos）の場である。そこでは「労働」や育児という生命の必要が満たされ、公的領域へ踏み出す準備がなされる。ただし「労働」に携わるのは家人や奴隷であり、公的領域に踏み出すのは「労働」を押しつけた家長である。私的領域を支配することで家長は苦役から逃れ自由を謳歌した。

公的領域は、私的領域とは対照的な特徴があった。そこは誰もが関与可能で皆が対等の立場から行為できる共通領域だった。また、生命を育む私的領域が他者の目から隠されていたのに対し、公的領域は誰に対しても公開されていた。公開された共通の問題を、同等の立場から検討することもできた。

異なる原理からなるこれら二つの領域は補完関係にある。私的領域の「労働」と支配とは、生命の必要を満たす基本的役割とともに公的領域への人材供給を可能にする。それに対して公的領域は、私的領域だけでは解決不能な共通の問題、例えば防衛のような問題を扱うことで私的領域を含む全体に寄与する。両者はどちらが欠けても人々の生活する世界の維持を困難に陥らせるものであり、同時に、どちらかの原則が他方を支配するものでもない。二つの領域はともに、私たちの生活に欠かせない場とされたのである。

†複数性と介在物

私的領域で他者を支配することに馴染んだ家長たちは、公的領域では同等の立場にある他者の存在を認め、「共通」する課題を検討するという別種の経験をする。私的領域に閉じこもることでは解決できない「共通」課題を検討することで、人々は相互に交流するのである。公的領域で扱われるその課題は「ちょうど、テーブルがその周りに座っている人々の間に位置しているように、それを共有している人々の間にある」。人々はそれを介して互いに隔てられた個として振る舞うこと、そして相互に関係することを経験する。

人々を相互に関係させる「共通」課題はこうして検討者に、自身とは異なる他者への気づきを促す。テーブルのような人々を分かつと同時につなげる「介在物」(in-between)の検討を経て、公的領域の成員は自身とは異なる考えを持つ様々な他者に世界が満たされていることを実感する。公的領域は単に問題を討論し決定を下す場でなく、様々な個性を持つ同等者からなる「複数性」（plurality）が開示される場でもあった。

†ロックの試み

アーレントの構図からは、私的領域が「労働」と関連づけられていることを理解できる。ただしロックの主張を支持するものではない。仮に、その領域の所有者を「労働」の当事者とすれば、家人や奴隷こそが主人たらねばならない。しかし現実は異なっていた。私的領域の「労働」は二つの領域からなる世界の営みの一つとして、所有権のような何ごとかを根拠づけることなく、私的領域にあることが自明視されていた。

念のために指摘するが、ロックと古典のどちらが優れているのかを論じているのではない。古典には労働価値説のような人間の行為によって私的領域の占有を容認する発想がない点と、政治哲学の伝統に連なるロックが意図的にそれを覆そうとした点が確認されているのである。ロックの議論には、私たちが日常を過ごす世界を「労働」という単一の行為類型から基礎づけようとする傾向を見出すことができる。『人間の条件』はそれを「ロックは、マルクスよりは漠然としているけれども財産を、占有の自然的起源にまで遡って跡づけねばならなかった」と論じた。

この指摘はロックの社会契約説が労働価値説を基盤にしていることを念頭においている。ロックの時代、国家を君主の所有物とする家産国家観は批判され、彼もそうした批判を展開していた。個人の占有する私的領域を含んだ財産を「労働」に依拠して示すという新しい発想を示し、その所有者間の契約に基づく従来とは異なる国家像を示した。結果、私的領域も国家という公的領域も「労働」に基礎づけられたのである。

社会契約を含むロックの「労働」論は、アーレントからすれば、支配と自由、閉鎖と公開というように対照的な原則に基礎づけられた二つの領域の補完関係から成り立つ古典の世界観の否定である。古典の構図が多様な原則の存在と公的領域での「複数性」とを容認し、「介在物」を介した他者認識の機会を提供していたのに対し、ロックの議論はそれを奪う。彼の議論に登場するのは「労働」して私的領域を占有する労働者と、その同じ労働者が共通の利益を介して集団化した労働者の社会である。彼女は「複数性」を否定する同質の労働者集団を示した彼を「歴史的に大いに疑問である」と批判した。

†マルクスの労働観

アーレントはこうした批判のあと、議論をマルクスに移した。ロックに類する「複数性」不在の議論を確認するためである。「労働」を「人間による自然との新陳代謝」、あるいは「自然が提供するものと合体し、それを「集め」、肉体的に「混じり合う」」としたマルクスの論理を検討、批判した。

第一に、社会全体の「労働」過程から生ずる余剰の増大に着目した上で、それもまた自然に従うとしたマルクスの「労働力」(labor power) 論、第二に「労働」の無世界性 (worldlessness) に関する議論という二点について、検討していく。

前者から見ていこう。まず個人にとっての「労働」とは、内的自然に促されて自然物を獲得し消費するプロセスである。例えば空腹に促されて樹木になった果実を入手し消費することがそれである。しかしこの「労働」は、俯瞰的な視点から見ると、体内の衝動を満足させる消費材を繰り返し生産する単なる苦役ではなく、人類の繁栄に貢献する極めて重要なプロセスと捉えることができる。

マルクスのこうした解釈変更は、ロックと同様に「労働」に耐久性を認めている。ただし、「労働」の成果ではなくプロセス自体にマルクスは耐久性を見た。そうして従来の構図を転倒した。すなわち「労働」という生命の必要に駆られて途切れることなく続けられるプロセスは、社会の存続を可能にする。個々の労働者は、主観的には自身の生存のために「労働」に従事し消費を繰り返しているが、俯瞰すれば、その継続によって社会全体の存続を可能にし、その耐久性に貢献している。

†労働力と余剰

こうした「労働」観は自然物と混ざり合う個人の「新陳代謝」ではなく社会全体のそれを可視化する「労働力」の発見によってもたらされた。アーレントによれば「マルクスは一貫して自然主義を押し進めた結果、「労働力」を発見した。これは、自然そのものと同じように「余剰」を作り出すことのできる、生命の強制力の特殊に人間的な様式であった」。

ここで言われている「余剰」とは、強制的にその産出が促されるものである。古典では「労働」の産出する消費材は、必要分を除けば破棄される。余分な食品は耐久性を持たず腐り落ちてしまうためである。しかし、貨幣に交換されれば「余剰」は他者に渡り無駄なく消費され、その者の生命を繋ぐだろう。さらには消費した者の「労働」によって「余剰」の拡大を後押しする。「余剰」の産出と消費とがこのように全体として確認されると、社会総体の「労働力」が「余剰」を生み出し、その拡大に寄与すると捉えることができる。

「余剰」の産出を可能にする「労働力」はまた、繁殖による労働者数の拡大にも対応する。産出された「余剰」は繁殖して増加した新たな労働者を養うことを可能にするからである。「労働」の産出する「余剰」に着目する「労働力」の観点は「労働」の継続が社会全体の自然な拡大を、すなわち人類の繁殖と繁栄とを可能にすることを理解させる。

こうして「労働」を表現するのに用いられた「新陳代謝」に新しい意味が付与される。個人の生産と消費のみならず、集団としての人間、すなわち人類の繁殖の営みも同時に「新陳代謝」なのである。人類は「労働」と繁殖という俯瞰すれば「同一の生命の繁殖過程」を維持する。内的衝動に促された必然の行為という点からも、人類の存続、繁栄に寄与する同一の過程として理解できる。

しかしアーレントはこうした主張を批判した。人間を「労働」による「種の再生産」から評価するこの自然主義は、個人への関心を蒸発させるためである。つまり「労働力」という指標から社会全体の過程が強調されることで、そこで生活する個人の存在意義は極小化される。人間を労働者の群れとして解釈できてしまうのである。

群れとしての人間に意義が認められ、個人はその集団の運動の部分に過ぎない。こうした主張に翻訳可能なマルクスの論は、アーレントのロック批判を踏まえると、「労働」によって私的領域と公的領域とを染め上げようとした試みを一段と進めたもののように映る。ロックが公私の二領域を労働者で埋め尽くしたのに対して、マルクスはそもそもその区分すら認めず、群れとしての労働者以外に関心を持っていない。

†必然的労働と無世界性

こうしたマルクスの議論はまた、「伝統と近代」で触れられた「労働」の役割を想起させる。「労働」を促す自然の衝動は、逃れられない苦役を人間に求めるものではなく、社会と人類との存続と発展を可能にする必然の法則なのである。

アーレントが考察していたイデオロギー的思考様式と関連させると、歴史の必然を担う労働者のイメージは、『全体主義の起原』の官僚や、ロレンスの姿に重なる。つまり「労働」に一元化されたマルクスの世界は、繁殖という逆らいがたい巨大な力に埋没しそれに尽力する存在としてのみ個人を規定している。

個人の存在を極小化する傾向を顕著に批判したのが「労働」のもう一つの無世界性に関する議論である。「労働」とは「無世界性の経験に厳密に対応している唯一の活動力」であり、「労働と消費以上に、他人と共通性のない、他人に伝達できないものは(略)ほかにない」。

アーレントの指摘を敷衍《ふえん》すれば次のようになる。二人の人間が同じような怪我をしても、両者が同じ苦痛を感じていることは証明できない。また、痛みを訴えている人がいても、それが演技かどうかを確実に突き止める術はない。人間を「労働」に駆り立てる内的な自然の衝動はこれらと同様に他者に伝達できず、その衝動に促された「労働」は孤独に勤しまねばならない。

伝達不能な衝動を起点とする「労働」の特徴は無世界性と表現された。その表現は、「介在物」を介して人間同士が繋がることを可能にするという公的領域の性格と対照的である。私たちの生活する世界は、自分からも他人からも同じように確認できる共通の対象——その多くが最終生産物である——に満たされており、それを「介在物」とすることで自身と異なる他者の存在する世界の了解が可能になっている。しかし、古典でもマルクスでも「労働」は耐久性のある産物を産出しない。それは消費材しか提供せず、他者の存在を気づかせる「介在物」を残さない。また、先に見たように人間を「労働」に駆り立てる衝動も「介在物」の要件を満たさないため、他者発見の契機たり得なかった。

そうした「労働」に勤しむ者の間には、個々の人間の違いを感得させる交流を期待できない。神のような俯瞰的視点が獲得可能なら、ただ自然の衝動に合わせて同じように「労働」する群れとして見えるだけだろう。「労働」が表現するのは、食物に群がる蟻のような、生命の必要に駆られた人類という集団のイメージである。アーレントが世界という語に込め、古典の区分を用いて何とかそれを表現しようとした様々な「質」を帯びた事物や隣人、あるいは「複数性」は、そこに見出すことができない。

4 自発性に由来する活動

†活動への関心

作品タイトルにある「条件」の特徴を「労働」に見ると、ロックやマルクスの議論では人間の生活領域全体を規定する極めて重要な行為様式となる。またアーレントの場合では、基礎的な生命活動を支えるという点から人間を条件づける行為様式となる。アーレントが依拠した古典の発想では「労働」が私的領域を支配するとされていたため、公的領域と併せて私たちの日常を構成するその領域、つまり生活の半分を「労働」が条件づけていると言える。

アーレントにとっての「労働」はまた、自身の思想において無視できない。第一には政治哲学という思考の伝統の理解において、第二に、ロックやマルクスのような近代以降の政治哲学の議論への批判において、「労働」は重要な視座を提供した。ただし、これから見る「活動」のほうが一般から寄せられる関心は高いだろう。「活動」が公的領域でなされ、他者との交流を通じて自身の姿を暴露するからである。

†出生と始まり

「活動」は、人間の自発性に由来するとされている。すでに指摘したように自発性の強調は、全体主義批判という側面を有している。彼女はそれの思想的克服を試み、結果、人間の「出生」が「始まり」を世界に導き入れると主張したのだった。

この主張はアウグスティヌスの言葉を用いて示された。つまり第一章で触れた「出生」の議論が影響している。「出生」とは、ギリシアの円環的時間が支配する領域から、キリスト教的な直線的時間の世界に人間が生まれることを示す。その対照的構図を援用すれば、「出生」とは、「労働」のような繰り返しの必然の領域から人間を「始まり」のある「活動」の世界へと移行させる象徴である。新しく「出生」する人間は、マルクスの示した必然的歴史に基づく決定論の世界だけでなく、「始まり」を可能にするもう一つの領域にも所属するのである。

こうした「始まり」の顕現をアーレントは「活動」に見た。その上で「活動」を「人間が、物理的な対象としてではなく、人間として、相互に現れる様式」と規定した。自発的に開始される行為が他者との関係性を築かせる。つまり、他者との交流を可能にする領域は、「活動」の「始まり」によって必然から解放されることで形成されるのである。

アウグスティヌスの議論からそうした成果が予想される「活動」には二つの特徴がある。第一は、それによって「自らが何者であるのかを示し、その唯一の人格的アイデンティティを積極的に明らかに」し、第二は、「活動だけが他者の絶えざる存在に完全に依存して」いることである。第一の点にある人格とは、肉体的な特徴から区別される個性である。それを示したのが先の「何」と「何者」との対比だった。『人間の条件』の冒頭で触れられた「何者」への回答は「活動」を通じて示される。第二の点は、その「何者」を開示しながら「活動」者が他者と関係づけられることを示唆している。以下で確認するように、私たちは「活動」を通じて人格を他者に開示する。それによって無世界的な「労働」の反復や、他者を手段として扱うような「制作」では望むことのできない関係性が構築される。

†あなたは何者であるのか

まず人格に関連して、「何」と「何者」とを改めて対比させよう。すなわち、個々人の個性とも言える一人一人の人格は、身体的特徴や能力、あるいは素質を指す「何」ではない。私たちが他の動物を規定する際に「力が強い」等と特徴づける「何」に対し、各人の個性を示唆する「何者」は「あなたは何者であるのか」という問いへの解答でなければならない。

まず指摘されるべきは、こうした「何者」を端的に表現することが難しいことである。『人間の条件』によれば、人格は、「言葉の中に現れるでもなく、隠れるでもなく、ただ明白な印だけをあたえる」ものとした。この曖昧な、しかし日常的に確認できる人格の「条件」、あるいは把握のされ方がここでの課題である。

こうした人格を理解するのに「あなたは何者であるのか」と問われた場合の回答を考えてみよう。ある者はそれに自身の所属や家柄を答えるだろう。また別の者は自らの過去を語るかもしれない。前者は、他にも同じ所属を持つ者を想定できるため回答とは言えない。それに対して後者は、当人にのみ該当する内容を表明するが、「力が強い」というように端的に表現できない点に問題がある。アーレントはそれでも、後者の回答を期待している。つまり私たちは「活動」を通じて、自ら語りはせずとも、過去に類するものを提示する。それが「言葉の中に現れるでもな」い何かである。「活動」は、「ただ他人にのみ現れ、他人にだけ見える」人格的同一性《アイデンティティ》を暴露するのである。

†過程的性格としての不可逆性

暴露される人格が他人にのみ現れるとすれば、「活動」が私的領域よりも公的領域にふさわしいことを理解できる。私的領域が家長による支配と無世界的な「労働」とに占拠され、個々人の違いが確認できないのに対し、公的領域は同等の立場から「介在物」を介したコミュニケーションが交わされ、複数の目にさらされることを前提とした公開の領域だからである。そして、「活動」が公開の場でなされる点を今一歩、踏み込んで考察すれば、それが人格の暴露を可能にする過程を重視した行為様式であることも理解できる。

過程としての「活動」には次の特徴が認められる。第一は「不可逆性」、第二は「予見不可能性」である。前者は、「活動」がやり直しを許容しないことを示している。「人間は自分の手になる生産物ならなんであれ、それを破壊する能力を常に持っている」しかし、「自分たちが活動によって始めた過程を元に戻すことはできない」。「活動」は過程を通じて「何者」を他者に暴露するためである。

仮に「活動」の「過程」を覆そうとしたり、繰り返そうとしたりすれば、それまでの過程で暴露された人格や、それを知る他者との関係性を変質させるだろう。例えば他人に嘘をついたり裏切ったりした者が、それの取り消しや、やり直しを相手に求めれば、その振る舞い込みで信用のならない人格を改めて暴露する羽目に陥る。そうした低い評価から逃れるには、自身の過去を知る者から距離をとるか、赦《ゆる》されることを期待するしかない。それが望めないなら、自身の認めたくない過去から逃れることはできない。もちろん、複数の視線に晒《さら》された公開の場での「活動」が取り消されるようなことは望むべくもない。

†予見不可能性と関係の網の目

もう一つの「予見不可能性」は、「不可逆」な性格を持つ「活動」がいつ開始されるかわからない点、そして始められた「過程」の行く末が不明であり予見できないことを表現している。その見通しの悪さは比喩的に「人間事象の二重の暗闇」と表現されている。

前者は「活動」が「始まり」であることから説明できる。人間の自発性に依拠した「活動」は、その開始を予見できない。また、「活動」の最中に別の意思が生ずることも否定できない。自発性に依拠するという定義上、行為者の心変わりを否定できないのである。

「始まり」のこの特徴は、「活動」の一種とされる「赦《ゆる》し」の議論に顕著である。すなわち、私たちは何か罪を犯した場合に「赦し」を期待するが、それがいつ与えられるかを予見できない。「赦し」を与える者の意思に依拠するためである。「赦し」を請う者は謝罪すれば得られると錯覚しているが、自動的にそうなるのではなく、慣習的に期待されているに過ぎない。逆に、謝らなくても「赦し」が得られるケースですら、それほど珍しいものではない。

第二に、「活動」の過程もまた予見できない。多くの「活動」は一般に、一人で成し遂げられないためである。大抵の場合「活動」は、多くの関係者とともに、様々な要素の影響を受けて遂行される。開始した本人ですら将来や終着点を予見し、あるいは「その過程を安全にコントロールすることすらできない」。アーレントはこのもう一つの「暗闇」を、「活動」が「関係の網の目」の中で行われていることから説明している。

「関係の網の目」とは、次のような状況の比喩的表現である。『人間の条件』は、「活動」の一例として古代人の防衛任務を挙げているが、こうした任務を、いち個人で完遂することは困難だろう。敵と味方の双方が自身の任務の完遂を目指すため、双方が相手の「活動」を妨害したり、あるいは協力者を募って「活動」したりと、相互に影響しあう複雑な「関係の網の目」が生ずるからである。「活動」者はその状況で、他の「活動」から否応なく影響を受け、当初の目論見から外れた状態に陥ったり、逆に予想外の成果を得たりする。

†物語と人格把握

「関係の網の目」での「活動」は、こうして「予見不可能」となる。加えて、そうした「活動」で暴露される人格も、行為者自身が思い描いている様と異なるだろう。普段、取り繕った仮面をかぶっていようとも、そうした「予見不可能」な過程では、それをかなぐり捨てねば対応できないからである。こうして「活動だけが現実である、このような環境(関係の網の目——引用者註)があればこそ活動も制作が触知できる対象物を生産するのと同じように自然に意図のあるなしにかかわらず、物語を生産する」ようになる。

複数の関係者からなる「関係の網の目」での「活動」は、「不可逆」で「予見不可能」な過程を開示しながら、自己認識とは異なる人格を暴露する状況へ行為者を追い込む。アーレントは、こうして露わになるだろう人格に関連して次の三点を論じた。第一に、それが「物語」を通して把握されること、第二に、その人格が「介在物」としての性格を持つこと、第三に、こうした二つの特徴から「活動」が他者との関係性を構築することである。

第一の特徴は次のように示された。「人格の不変のアイデンティティは、活動と言論の中に現れるが、それは触知できないものである。触知できるようになるのは、活動者＝言論者の生涯の物語においてのみである」。私たちは「活動」の「不可逆」な過程を「物語」として把握し、その行為者を「物語」の主人公として把握している。あるいは、その「物語」を通じて出演している「同一」の人間が「何者」であるのかを了解しているというのである。

†介在物としての人格

「物語」の主人公として人格を把握する作法は、創作物であれば珍しいものではないだろう。実際の「活動」でもそうしたプロセスを経て人格が把握されているというのがアーレントの指摘である。またもう一つの特徴として、「物語」を通じた人格の把握が基本的に、他者によってなされることが指摘された。「活動」過程を直接に見分した他者が、「物語」の最初の観客となるためである。

人格把握が、行為者当人より他者によってまずなされるという他者優位の傾向を示すことは、

「他人にのみ現れ、他人にだけ見える」という先の引用にも示されている。これについては例えば、「あなたは~のような人だ」と他者から指摘された場合を考えればよい。たいていの場合、そうした指摘を素直に受け取ることは難しい。しかし、多くの者から同種の指摘が繰り返されれば、自身の人格として認めざるを得ないだろう。これは他者の受け取る人格には、客観性を帯びた「介在物」としての性格が認められることを示している。

「介在物」としての人格は、「ちょうど、テーブルがその周りに座っている人々の間に位置しているように、それを共有している人々の間に」位置している。自己認識とは異なった形で多くの他者から指摘される自身の姿は、「活動」者には現在の自分から時間的に距離のある疎遠な過去の姿であり、他者にとっては自身から距離をとって眺めることのできる他人の姿である。

つまり「活動」の暴露する人格は、行為者当人を含む全ての関係者の間にある。例えば「あのとき嘘をついた、あなた(の人格)は嘘つきだ」と言われれば、それは当人にとって距離をとり否定したい過去だろう。たとえ意図せずにそのような結果になった、その動機は別にあり誤解だと弁解しようとも、当該行為を指摘されれば事実は認めざるを得ない。「活動」の暴露する人格とは、このように行為者本人や他者の視点による客観的な「介在物」である。

†関係としての人格

「介在物」としての人格を理解すれば、それを介して関係性を構築するという人格に関する第三の主張を展開できる。「活動」の観客は暴露された人格を行為者の「何者」として接するだろうし、「活動」者自身も「物語」のもたらす効果から、指摘された姿を自身の人格として受け入れるためである。

行為者自身もまた他者に遅れて自身の姿を「物語」を通じて理解する。それをアーレントは、『暗い時代の人々』の「アイザック・ディネセン」において次のように表現した。「物語はそれ以外の把握では単なる出来事の耐え難い連続にすぎないものの意味をあらわにする」。

先に見たように「あなたは嘘つきだ」とされる過去を取り消すことはできない。他者からそう指摘された場合、当人はおそらく過去を振り返り、後悔し、その経緯を「物語」として再把握するだろう。そこに至る経緯や背景、そのときの想いなどを改めて「物語」として受け留めることで、他者から指摘された後ろ向きの人格を、当人もまた受け入れられるようになる。『人間の条件』は、それをディネセンの言葉を引いて「どんな悲しみでも、それを物語に変えるか、それについて物語れば堪えられる」と示した。

図らずも自身の意図に反する過程をたどる予見不可能な「活動」は、自己認識とは異なる人格を暴露させるが、振り返りの機会を得ることで自分自身のものとして受容可能になる。この受容プロセスがどのようなものかについては第七章の『思考』で確認しよう。ここでは暴露された人格を行為者自身が受け入れることで、それを指摘する他者と関係づけられることを確認できれば十分である。

†複数性の顕現

公開の場で複数の関係者を伴いながらなされる「活動」には、以上のような特徴が認められる。そのため他者の目を遮る私的領域から一歩でもそこに踏み出すには「勇気」が求められる。「活動」者は意に沿わない人格の暴露という「危険を自ら進んで犯している」。『人間の条件』は、その危険を伴う「活動」が古代の人々に受け入れられていたことを指摘した。「何者」を暴露する防衛のような「活動」が積極的になされたのである。

「活動」の特徴をこのように整理すると、公的領域が「複数性」の領域として描写された理由も了解できる。個々の「活動」者が「何者」であるのかを互いに暴露しあうことを容易に可能にする「関係の網の目」は、それぞれの個性を際立たせながら集う場として公的領域を性格づけるからである。

ただし、その領域の具体的な形成過程や存立可能性は検討の余地がある。それらは、次章『革命について』で扱うことになる。本章は代わりに、政治哲学の伝統が示唆した「制作」を基盤にした他者不在の政治観、あるいは生物的な必要性に駆られた群れとしての人類の出現を示唆した労働者の世界に対するアーレントの批判を確認しておきたい。

5 世界疎外と労働する動物の勝利

†『人間の条件』と全体主義

「活動」の領域を全体主義が破壊しようとした点を指摘すれば、「何者」の暴露を可能にする「条件」の意義について詳述する手間は省くことができる。つまり、全体主義の悪行の典型だった「忘却の穴」は、公的領域の破壊、あるいは「活動」によって生み出される人間の関係性の破壊に他ならなかった。それは特定の個人を知る者を一網打尽にし、対象の個人が存在しなかったかのような状態を生み出した。ターゲットを中心とする「関係の網の目」を、テロルを用いて取り除こうとしたのである。『人間の条件』が論じた「何者」を可能にする条件自体が、全体主義には「余計なもの」だった。

こうした生活世界への浸食をイデオロギー的思考様式は正当化する。ユダヤ人は必然的に滅び行く民族とされ、それに対する疑問は受け付けられなかった。こうした発想を批判するためにアーレントは、歴史の必然を強調し、日常経験を否定する思考様式を問題とした。

†世界疎外の再定義

全体主義の真の脅威はもちろん、そうした思考様式を反映したイデオロギーを馬鹿正直に実現しようとした行為者にこそ求められる。だからといってイデオロギー的思考様式が無害だとは言えない。その発想は私たちの日常を単一の原理から整序し直すことで自発性よりも必然を、日常の経験よりも観念を、個々の人間よりも全体を重視するように促す。本章の冒頭で確認したのは、この発想が突然変異の産物ではなく、古くからの思想的伝統に根ざすことであり、現代の私たちがそれを異質だと言いきれないことである。

伝統については確認済みだが、もう一つの異質か否かには若干の検討が必要だろう。まず改めて問いたいのは、読者はここまでの『人間の条件』の議論を容易に了解できただろうか。本章の議論について、例えば懐古主義的主張と受け取らなかっただろうか。そうした印象を仮に抱いたなら、それ自体がマルクス的発想の影響の証かもしれない。すなわち、「活動」の議論を了解するのに苦労する私たちの姿は、アーレントの憂慮したイデオロギー的思考様式の汚染の程度を示している。

「活動」を含む三つの行為様式や、「何者」を問う問題関心を抵抗なく受け入れられない私たちは、アーレントが範例とした古典の発想から遠いところにいる。マルクスの議論を転倒させてもせいぜいプラトンに到達できる程度で、活動的な古典の世界には及ばない。古典の世界に回帰し得ないことは彼女の議論にとっては前提だった。

「活動」を理解するためには、伝統を経て全体主義が現実化した発想からの脱却が欠かせない。ただし、それは容易ではない。歴史を必然に重ねる思考様式は、現実よりも観念を優先させる「哲学の政治への敵意」の延長線上に位置し、その「敵意」はそして、伝統を反映して根深く私たちに染み付いているからである。

アーレントはその敵意を「世界疎外」と再定義することで、哲学者だけでなく現代の私たちが共有していることを指摘する。「世界疎外は近代の品質証明」であって、一貫した歴史的必然性に裏打ちされた世界観に私たちは惹かれ、それを前提にする主張を好んでいる。『暗い時代の人々』が示すように「一九世紀がいだいた歴史への幻想とイデオロギーへの傾倒とは依然として現代の政治的思考に大きな影を落としているため、われわれは歴史や強制的な論理を支えとして援用しない完全に自由な思考を、何らの権威も持たないものとみなす傾向がある」。

†労働する動物の勝利

論理的一貫性への強迫観念は、日常経験をありのままに受容できない懐疑に私たちが取りつかれていることの裏返しだろう。第一章で触れた一七世紀のデカルト的懐疑は二〇世紀初頭には哲学者の専有物から大衆の共有する諦念になった。『全体主義の起原』にあるように、日常経験から切断された無世界性が生活実感として蔓延しているのである。その生活実感はナチの反ユダヤ主義が廃《すた》れても変わりない。つまり反ユダヤ主義に代わる核が発見され、現実を無視する「俗物」が歴史の必然に再び身を投じれば危機は再燃する。それがマルクス理解を踏まえて「労働する動物の勝利」と表現された現代の問題である。

アーレントは、その問題に抗するかのように「活動」を通じて自己と他者とが関係づけられること、「関係性の網の目」の中で行為が思うままに進むことのないこと、自身の姿ですら自己認識とかけ離れたものを受容させる作用が日常に潜んでいることを示した。現実と理念とはそのレベルですら齟齬があり、単に理念を優先すれば問題が解決できるようなものでは決してない。『人間の条件』の示すこの認識は、哲学の領域に属する言語で語られていても反哲学的である。「実存主義とは何か」で唯一評価された自身の限界と世界の実在とを相互交流から了解する人々の姿を示したヤスパースの主張に近い印象を抱かせる。

この印象の妥当性は立証が難しい。ただし次章で扱う『革命について』は「自由の設立」を論じている。私たちはそこに、彼女がヤスパースに見た「自由の島」の姿を確認できるかもしれない。「活動」がいかなる空間を生じさせるのかは、以降の作品でも問われ続けたのである。

第五章　『革命について』——自由の設立

1　『革命について』の射程とフランス革命

†残された論点

　前章においてイデオロギー的思考様式への危惧とそれを克服する方途としての「活動」に関するアーレントの主張の概略を見てきたが、残された論点がある。それは「活動」が何を成し遂げるのかである。「労働」が消費財を、「制作」が最終生産物を残すことを確認し、「活動」が人格を暴露することも確認した。「活動」は人格の暴露と同時に何を達成するのだろうか。

　本章で扱う『革命について』は、「活動」が達成するものを描写している。あらかじめ言及しておくと、「活動」に基づいた自由の政治である。「活動」が「関係の網の目」の中でなされることで「複数性」が実現されることを見てきたが、それがいかに生ずるかは触れられていなかった。『革命について』はそれを論じている。

『人間の条件』はそもそも、公的領域がいかに形成されるのかを問題にしていない。しかし、それが全体主義によって「余計なもの」として破壊されたことを私たちは見た。破壊された公的領域の回復に関する議論にも興味を抱かざるを得ない。

『革命について』の書名の通り、「活動」の政治が生じさせるものをアーレントは革命として語った。まず指摘せねばならないのは、あらゆる革命にあてはめてはいないことである。作品が取り上げているのはアメリカ独立革命とフランス革命であり、前者は高く評価され後者は批判された。アメリカには「活動」の成果が見出され、フランスには生命の必然に促された別の過程が確認された。つまりフランスでは「活動」とは異なる要素が見出された。

序章で触れたように、実現はしなかったが『人間の条件』の議論を受けた政治学の教科書をアーレントは企画していた。そして同時期に『革命について』の元となる連続講義がなされていた。それらによって「活動」に基づく政治のイメージが『革命について』にも反映されたことは想像できる。「自由の設立」がそれに当てはまる。アーレントは自由の出現と「活動」とを非常に親密なものと捉えていた。「政治的なものの目的あるいは存在理由は、至芸としての自由が現れる空間を樹立し、それを存続させること」であり、それが「活動」によって達成されるのである。「自由の設立」を目指した革命は、「活動」に基づく政治が実現するものを示すのに格好の題材だった。

†革命と暴力

「活動」が何を達成するのかという問いへの回答が半ば示されてしまったが、革命と自由との関係性をその主張通りに受け取れる読者は多くないだろう。革命は暴力を伴い、自由とは名ばかりの恐怖政治を招来させた歴史が思い浮かぶからである。

『革命について』はアメリカとフランスの革命を対比的に取り扱うことで、自由に対置される必然（necessity）が政治に何をもたらすのかを併せて論じている。また、それに関連して革命の暴力も取り上げた。アメリカ革命が「自由の設立」にたどり着き、フランス革命がそうならなかったことを示した。

両者の対比を象徴するのが革命（revolution）という用語への異なる二つの解釈である。第一に、それは惑星の公転に象徴される自然の必然的な変転を表すものとして、第二に、全く新しいことの「始まり」として用いられた。そして前者はフランス、後者はアメリカに関連づけられた。この対比が示すのは「自由の設立」のフランスでの失敗である。フランスでは「貧《ひん》窮《きゅう》」（necessity）の克服が革命の中心課題となったこと、旧体制の倒壊に用いられた暴力が自由の実現を阻んだこと、が失敗につながった。

必然と同じ表現である「貧窮」が革命論の中心に据えられた点に暗示されるように、フランス革命は惑星の公転同様に不可避の運動と描写される。また後者の暴力の問題は、フランス革命以降、貧困と暴力という「二つのものがあらゆる革命的事件に顕著な特性となっている」と表現され、批判的に扱われた。フランス革命が以後の諸革命の雛形として認識され、その後に勃発した多くの革命が、フランス同様に暴力で失敗したのである。

†必然としての革命

アーレントのフランス革命への批判的立場は、同時代の観察者が革命を歴史の必然の顕現としたことや、革命の暴力が不可避であると了解された点を指摘したことに明らかである。

その典型例は革命を遂行したロベスピエールである。「フランス革命の間パリの街頭でよく見られた光景、流れるように街頭に繰り出した貧民の光景」は、それが抗《あらが》い難いことを示唆した。また、群衆の「暴力も必然性も運動の中にあり、一切のもの、一切の人間をその流れの運動の中に引きずり込む」ことを実感させた。こうして「ロベスピエールは、人間の自由で意識的な活動を、暴力の抗しがたい匿名の流れにおきかえて」革命を位置づけた。

『革命について』がこのように描写した群衆は、革命を歴史的必然として、暴力の不可避性を印象づける。アーレントが着目したのはその複合的認識であり、換言すれば暴力を伴わない自由な革命というイメージが不在であることを示した。

フランスの経験で自由な革命が上書きされたことは『革命について』の結論部で言及されている。革命の経験が本来ならば「公的幸福」を抱かせること、そして、それが失われたことをアーレントは示した。その幸福とは、自身がありのままでいられたこと、自己不信から解放された状態を言う。ロベスピエールの理解から遠い、自らの姿を暴露する「活動」に基づくものを、アーレントは革命と位置づけていたのだ。

『革命について』は、この失われた経験を再び提示することを課題にした。暴力の必然を容認する革命像に糊塗《こと》されて忘却された自由な革命をよみがえらせるもくろみである。

†「貧窮」の克服

アーレントは「自由の設立」に強い関心を抱きながら『革命について』を執筆した。「自由の設立」を忘却して「貧窮」という生命の必要を満たすことに路線転換したフランス革命を批判的に取り扱ったことから、それを読み取ることができる。彼女にとって「貧困を除去することと自由を創設することとは、同時的には不可能である」ものだった。そのため「革命の役割はもはや自由の創設はおろか、（略）抑圧からの解放ですらなくなり、社会の生命過程を（略）豊かさの流れへと変革することになった」。

アーレントは、ロベスピエールが抱いたとする歴史の必然の観念を、前章で触れたマルクス解釈に重ねて理解している。歴史は、社会的な余剰の増加と繁殖とを実現する過程だったとする解釈である。「労働」による豊かさの増大に歴史の必然を見たのである。余剰の拡大を歴史の必然とするマルクスを知るアーレントにとって、フランス革命の課題は同種のものに見えた。「貧窮」の克服という人間の内的な自然に駆り立てられたフランス革命に否定的だったアーレントの態度の根底には、こうした認識が存在している。

†暴力と力、強制力、権力

先に見たように、革命の必然性に関連づけられたのが暴力である。アーレントは次のように暴力の位置づけを整理することで、両者を関連させる認識を批判した。暴力(violence)と、力(strength)、強制力(force)、権力(power)を区別して用いたのである。

後のエッセイ「暴力について」によれば暴力は、ものや道具に依拠して対象を破壊することである。それに対して力は、ものないし個人に固有の特性として把握されるべきものである。また強制力は、物理的あるいは社会的運動によって発生するエネルギーを言い表すときにのみ用いられるべきとされ、権力は、他者と協力して行為する人間の能力に対応し、かつ個人にではなくその集団に属するものとされた。

この区分は『革命について』の次のような記述にも見られる。「フランス革命の人々は暴力と権力とをいかに区別するかを知らないまま、全権力は人民に由来せねばならぬと確信していた。こうした群衆の前政治的な自然的強制力の前に政治的領域を開放したため、国王や旧権力は一掃され、さらに彼ら自身もその力に押し流された」。

この部分は、群衆の自然的強制力が抗い難かったことを示している。その理解は、フランス革命を歴史の必然とする解釈に重なり、また旧体制の人々の間にあった権力を群衆の暴力が破壊したと理解できる。こうした強制力、暴力、権力の区分から得られる認識は、フランス革命の権力に対する理解をも促す。すなわちフランス革命に暴力は存在したが、人々の間にあるはずの権力は生じなかった。

ちなみにフランス革命で想定されていた権力は、アーレントの解釈とは無縁だった。ロベスピエールの理解に見られたように、実際は群衆の「自然的強制力」であり人民の意思が想定されていた。人民の意思が権力の源泉であることが示されたため、フランス革命に影響を与えたJ＝J・ルソーの「一般意思」論を連想させる。ただし、そうして提示された「一般意思」は、人々を抑制する効果が認められていた。そのため、同じ人民の意思でもフランス革命に見られた人民の意思を「一般意思」と呼ぶことは難しい。

2 アメリカ革命と自由の原理

†貧窮の不在

フランス革命が「一般意思」に依拠できず群衆の暴力に沈み、その過程が歴史の必然として捉えられたというこれまでの説明は、アーレントの言う権力がフランスに醸成されなかったことを示している。だとすれば、対置されたアメリカは、それに成功したものとなるだろう。革命が「自由の設立」を達成したのである。

こうした対照的構図を『革命について』は次のように説明している。すなわち「一方が成功し、他方が失敗した原因は、一方で貧困状態がアメリカの舞台にはなかったのにたいし、他方、その他の世界では至るところで貧困が見られたため」である。革命後のアメリカを論じたアレクシス・ド・トクヴィルに代表される多くの論者が指摘したように北米大陸は豊穰の地だった。貧しさは存在したが北米には開拓可能な原野が広がり、貧民の群れに埋没せずとも、そこに出向いて開拓に励めば、食い扶持を得ることは可能だった。

またこれまでの議論から、「貧困」あるいは「貧窮」の不在が、歴史的必然の概念の不在と言い換えることができる。時代的にフランスに先行していたアメリカの革命は観念的汚染をフランスから被らず、暴力的な群衆も生じさせなかった。このことからアーレントは、北米では自身の生命の保全という消極的な動機が「政治的領域を多くの人たちに開放させるものではけっしてない」ことを指摘した。アメリカの革命は豊かさに裏打ちされ、そして、歴史の必然とは異なった動機によって成し遂げられたのである。

†アメリカ革命と共和主義

アメリカ革命を牽引した動機は卓越や名誉への渇望であり、また、それを可能にする「自由」(freedom)の実現だった。「自由の設立」と革命が呼ばれた所以である。まず、その革命の特徴を二点、確認しよう。第一は、革命が古代ローマに端を発する共和主義の影響を被ったこと、第二は、卓越への渇望が革命における「活動」の存在を示すことである。

政治思想史家J・G・A・ポーコックが指摘したようにアメリカ革命は共和主義の伝統を引き継いでいた。その特徴を端的に示せば、君主支配に対する抵抗が挙げられる。こうした発想のルーツは古代ローマのキケロに遡ることが可能であり、アメリカは、その古い思想に導かれてイングランドの君主制に対抗した。君主支配から市民の自由を守ろうとする試みとして、革命を共和主義が弁証したのである。

ポーコックはその共和主義を「自然な貴族制」の流通に見た。堕落した君主に有徳な市民を対置し、その市民を、守るべき自然の秩序に選ばれた貴族とする考え方である。政治を私化する君主と異なり、自然の秩序に選ばれた市民は本来の貴族がそうであるように責務をはたす。そうして共和国／公的秩序（res publica）は保全される。

この時代、国家を君主の財産とする家産国家観は批判されており、公的秩序はそれと異なるという主張が展開されていた。前章のロックもその批判の一つである。アメリカの人々は、その批判に連なる「自然な貴族制」論から革命の意味を了解したのである。

†卓越への渇望

「自然な貴族制」論が革命で影響力を持った事実は、例えば、革命を推進し、やがては憲法案への賛成を市民に呼びかけるためにプブリウス（Publius）というペンネームを用いて『ザ・フェデラリスト』を共同執筆したアレクサンダー・ハミルトンらに見出せる。彼らは君主制とは異なったローマの共和制を参考にしてアメリカの新制度を構想している。

革命をリードした彼らの振る舞いは、また、それ自体が有徳な市民の姿を体現していた。アーレントはこの点に着目している。すなわち、プブリウスらが革命を推進しただけでなく、責務を果たすと市民の立場へ戻ろうとした点に関心を払ったのである。

その振る舞いは共和主義者キケロが称賛した英雄の姿に重なるものだった。権力の座に居座りローマの秩序を蹂躙《じゅうりん》した簒奪者《さんだつしゃ》ではなく、共和国の秩序を擁護した英雄を称賛することでキケロは公的秩序を尊重した。ハミルトンらが政治を恣《ほしいまま》にしなかった革命での態度は、この共和主義的な徳に重ねて理解可能であり、いわば行為にて卓越を示したのである。

アメリカ革命や、ハミルトンらを戯画的に持ち上げすぎた印象を与えるこの整理は、しかし、革命における卓越への渇望を明示する。言い換えれば、アメリカにおけるローマの影響と、卓越への渇望とは無視できない要素だった。プブリウスのように行為で自身の徳を明らかにした市民がいた事実は、革命における卓越の実在と、それへの渇望が原動力だったとするアーレントの基本的主張を支持するのである。

とはいえ、そうした個人的な動機が革命に繋がるのかという疑問が残る。群衆の強制力という歴史の必然を体現したフランスと比較すると、特にそうした疑問は拭えない。アーレントはアメリカの卓越への渇望は、「惨め」で「無名」な状態から脱するために抱かれたと考えた。フランスとは異なり人々は「欠乏によって動かされはしなかった」が、「無名」で「惨め」な状態から脱することを欲したのである。

こうした指摘は、ハミルトンらと革命に関わったジョン・アダムズらの議論から得られたものである。検討されたアメリカ革命では、個々人が抱く卓越への情熱を調整する統治が実現された。市民の支持を求めた連邦制の構想には、政治的参加の要素を残す地方制度が構想され、そこでの政治参加によって卓越への渇望を満たすように配慮されたのである。

その構想では、地方制度で市民が政治に関わる余地を残す一方で、連邦政府では市民の参加が制限された。外交のような専門性が求められる場面では素人の悪影響が阻まれる仕組みである。この制度は、個々人の卓越への渇望に配慮せねばならない程に革命が、その影響を被っていたことを示している。一般人の政治参加が当然視されていなかった時代にアメリカは、こうした制度を提示せざるを得なかった。連邦という新しい制度は、独立革命を遂行した複数の領邦の連合でも、単純な多数決の政治としての民主政でもなかった。人々が卓越を提示できる場を残した混合政体だったのである。

連邦制に見られた卓越を求める個々人の政治参加と代議制的少数支配との並立は、様々な理論家の興味をひいている。代表的なのはトクヴィルの『アメリカのデモクラシー』であり、それを民主政治における貴族制的特質として高く評価した。他方アーレントは、こうした複雑な制度を必要とするほど人々が卓越への渇望を抱いていた点、それによってアメリカの描写を自らの関心に沿うものへと修正した点で巧みだった。「自然な貴族」であると証明しようとした革命における人々の行いを、自身の「自由」観に重ねて再解釈してみせたのである。

†自由の実現の二段階

このような卓越への配慮と、本章の冒頭で指摘した「自由の設立」とはどのように関連するのだろうか。まずはアーレントの「自由」論を確認したい。彼女は「自由」の実現を、次の二段階に分けて論じている。第一は、「解放」(liberation) の結果として実現されるリバティ(liberty) であり、第二が、その後に実現されるフリーダム (freedom) である。リバティは障害のない状態を、フリーダムはその先の状態を指している。アメリカ革命で実現された「自由」とは、リバティではなくフリーダムだった。『革命について』において、「自由 (freedom) とは解放の自動的な結果ではなく、新しい始まりは終わりの自動的な帰結でもない」(強調引用者) と言及された。イングランドからの解放で確保されたリバティは、そのままでは新しい「始まり」、つまりフリーダムの登場を保証するものではなかった。

ではフリーダムとは何か。小論「自由とは何か」(What is Freedom?) に、次のような議論がある。フリーダムの実現に求められるのは「可能である」(I-can) と「意思する」(I-will) との一致である。例えば、人が空を飛びたいと「意思する」にせよ「可能である」ことはない。逆に、目の前の果実を採集することが「可能である」としても、採ろうと「意思する」ことがなければ行為は実現されない。

自由をリバティとフリーダムに分け、後者の実現をさらに二要素の合致に見出すこの議論を、アメリカ革命に当てはめれば次のようになる。イングランドからの解放によって実現したのはせいぜいのところ「可能である」ことだった。その上でフリーダムの実現には人々が「意思する」ことや、その先の行為に実際に進むことが求められた。アメリカでそれらは、君主制への抵抗という共和主義の伝統によって自己解釈されていた人々の行為に結実した。人々は、卓越した市民であることを自ら示そうと、あるいは流通していた共和主義に共鳴して、自ら「意思する」ことで革命に身を投じた。イングランドの支配からの「解放」という状況のみならず、それを実現しようとした革命への個々人の尽力に「新しい始まり」、つまりフリーダムは見られたのである。

†卓越と活動、そして自由

フリーダムの実現をこうしてアメリカ革命のプロセスに見たアーレントは、フランスには対照的な態度をとった。フランス革命が「貧窮」、あるいは生命の保全という必然に促されたからである。必然から行使される暴力が旧体制からの解放《リバティ》を実現しても、その後に行為を伴うフリーダムが期待できないことを表している。貧困の克服が優先され、暴力の行使を押しとどめることができないからである。「自由《フリーダム》とは解放の自動的な結果ではなく、新しい始まりは終わりの自動的な帰結でもない」という言葉は、フランス革命が支配された「必然」をかえって際立たせるものだと言える。

こうした「自由」論を確認した上で指摘せねばならないのは、卓越を求める行為に「活動」を重ねることが可能な点である。前章で見たように「活動」は、その過程で人格を暴露する。その暴露が、渇望された卓越の提示と並行するのである。すなわち、公正な人格や、勇気ある人物のような人格の卓越が「活動」で暴露される。

アーレントはそれをパフォーマンス・アート（performance art）に喩えた。すなわち、舞踊のようなパフォーマンス・アートは、演者が単独で演じたところで芸術として成立しない。その演技は観客の前でなされることで初めて伝達されるべきものを顕現させるからである。

言い換えれば演者は、そのアートを単に演ずるのではなく、それを通じて何ものかを、例えば「美」を伝える。その伝達によってアートは完成されるのであり、逆に「美」が伝わらなければ、その演目は演者の独りよがりに堕し、完成されない。演者がどのように意図しても、パフォーマンスの卓越は観客不在では把握されず、また観客がいても「美」が伝わらなければ完成されない。「活動」の開示する卓越とはこのようなものである。

†示された自由の原理

アメリカ革命に身を投じたハミルトンらが自身の行為で示した卓越は、かつてのキケロが称揚した権力の座に汲々としない公正さだろう。それは彼らが範とした共和主義に叶うものだった。アーレントはしかし、そうした共和主義的な文脈よりも、卓越の開示そのものに着目した。パフォーマンスのように示される卓越を、「原理」(principle) と呼び、その効用を強調したのである。

「活動」が公的領域でなされると様々な「原理」が把握される。例えば勇気、公正さ、博愛など、人間の振る舞いの徳性として古くより指摘されてきたものである。もちろんパフォーマンス・アートの例で示された「美」もそれに含まれる。ハミルトンらが示したそうした「原理」に、公正さだけでなく、それ以外のものをアーレントは見出していた。それが、先に触れたフリーダムである。

「原理」として革命に顕現したフリーダムの姿を描写すれば次のようなものとなる。当初、本国への抗議として開始された人々の「活動」は、やがて君主制の打倒を目指すものとなった。そのプロセスは君主制的な身分の否定を伴って、同等の市民の立場から開始された個々人の「活動」を継続させ、イングランドからの「解放」を実現させた。また「解放」に満足することなく、後に連邦制と呼ばれる新しい制度を生み出す行為と意思が維持された。その過程では、ハミルトンら主導者の公正さも示された。つまり、北米の革命は「解放」だけでなく、平等な状態から誰もが自身の行為で卓越を開示できる「活動」を継続させたのである。

それは「可能である」と「意思する」との一致によって可能となっていた。革命は「自由」の「原理」をも顕現させ続けることで、人々の関与を可能にし続けたのである。いわば本章の冒頭で示唆した「至芸」(art) としての「自由」が革命に出現したのである。

こうした解釈はアーレントによるものであって、革命の当事者のものではない。彼らはむしろ、ポーコックが指摘したように共和主義の伝統から自身を理解していた。「無名」であることから脱し、徳のある市民として自らの卓越を示すために革命は推進された。しかしアーレントからすれば、そうした自己解釈の存在が革命に出現した「自由」、すなわち卓越を開示する「活動」を開始、継続できる「原理」が共有されたことの証拠だった。すなわち「一度理論や影響力についての推測から離れて、(略) 彼ら自身の言葉に目を転じてみれば、そこにあるのは理論とか伝統というよりは、むしろ細心の注意を払って考え抜かれた最大級の、将来において最も重要になる一つの出来事である」。このように『革命について』は、人々が自らの振る舞いのユニークさを正しく了解していなかったことを強調した。

3 自由、権力、約束

†自由の制度化

イングランドからの解放と「自由」の実現だけでなく、アメリカ革命には、もう一つの課題が存在していた。革命の「自由」を継続させることがそれである。アーレントが示した革命の目的である「自由の設立」には、制度の問題も含まれていた。

すでに簡単に触れているようにアメリカの連邦制は、卓越への渇望に配慮している。この点でアメリカは「至芸」としての「自由」を保障する制度があったと言える。しかし、その後の歴史に目をやると、それが失われていくことも理解できるだろう。政治思想史家シェルドン・ウォーリンが指摘したように、時代を下るごとに連邦政府は力をつけ、地方は地位を低下させた。その典型は南北戦争の勃発と、その終息による地方の凋落《ちょうらく》である。

こうした経緯を視野に収めると、「自由」が革命後に維持されたとは言えない。アーレントはこのような問題を孕《はら》む「自由」の制度化をいかに論じたのだろうか。まずは「活動」と権力、そして「自由」の関係を見ていこう。その後、制度に不可欠な法の問題、関連してアメリカの憲法制定に関する議論を確認する。最終節では制度化の失敗と革命の記憶が失われたことに関するアーレントの議論を追う。

†権力の相互性

権力とは、先に見たように複数者の間にある集団の属性であり、強制力や暴力から区別される。その規定は『革命について』において、次のように具体的に示された。「権力が存在するに至るのは、複数の人々が活動のためにお互いに結びつく場合だけである。どんな理由にせよ、それらの人々が互いに結びつきをやめ、互いに見棄てる場合には、権力は消滅するであろう」。

この言葉が示すのは、人間が相互に関係する状況には権力を見出せることである。アーレントは、私たちにも馴染み深いモンテスキューの三権分立の構図が典型的に示すような、複数の主体の間に作用する抑制と均衡の影響関係を指して権力と呼んだ。

権力分立が示すのは、複数の主体が相互に抑制しあう対抗関係である。また、その関係が失われた場合に権力が作用しない点も示している。それは「権力だけが権力を拘束する」と表現された。アーレントの言う権力は、関係性を前提にした相互抑制的作用である。

相互性を前提にする権力は、暴力や強制力による代替を受け入れない。暴力は影響を及ぼそうとする相手の破壊を伴うために権力の前提となる他者を否定し、また、強制力は抗いがたい力として一方が他方を服従させるからである。つまり権力の相互抑制的作用は、そのものの非暴力的、非強制的性格を表している。

こうした理解は従来の立場と異なっている。従来の立場には、一、近代的権力観、二、伝統的権力観があり、例えば前者の典型には、トマス・ホッブズの自己保存を最上とする自然権論がある。彼の議論は、暴力によって生命が失われる事態の回避を至上命題とし、その保全には逆に、暴力を背景にした圧倒的な国家権力を求めた。つまり暴力犯罪を抑止するには正しく認められたより強力な暴力の行使を国家がなさねばならないとしたのである。その議論の影響から、近代政治学では暴力と権力との区分が曖昧である。

他方、後者の伝統的権力観は、例えば神のような超越的権威の命令への服従に権力を見た。そうした形而上学的存在の命令を遵守させ、服従させる作用を権力としたのである。権力は、神のような超越的権威に基礎づけられた秩序を保全する強制力だった。

†水平的権力の作用

従来の立場と異なり、『革命について』の示す権力は、「世界の介在的空間にのみ適用される唯一の人間的属性である」。この表現が示しているのは、関係性を基軸とした権力が、人々の間に存在することだろう。言い換えれば権力はそうした関係を介した秩序ある集団を出現させるのである。秩序は暴力や超越的な権威に依拠することではもたらされない。例えば、生徒を威嚇するような教師の下で静まりかえった教室や、カリスマ経営者に心酔した社員の盲目的追従で成り立つ企業が従来のイメージなら、イベントを成功させるためにボランティアが互いの脱線を防止しつつ共に励むのがアーレント的イメージである。それは個々人が相互に抑制を促す水平に作用する権力によって実現される。

アーレント的権力を従来の見解と対比して理解すると、フランスが権力の醸成に失敗したという先の指摘の意味を改めて理解できる。すなわち、複数の関係者が互いに行為を抑制する効果を生じさせる水平的権力がフランス革命には存在しなかった。解放された群衆は「貧窮」から暴力を用いたが、それは数的に膨大でも抑制されてはいなかった。そのため暴力が群衆自身に向けられても制御できず、フランスを暴力の連鎖に沈めたのである。

†法とは何か

アーレントの言う権力が人々を相互に抑制する作用だとすれば、彼女の提示した法は、そうした抑制的な関係性を目に見えるよう制度化したものと言える。当然、そうした法は権力と同じく非伝統的見解に依拠している。

従来の理解において法は、先の構図を前提に、権威を有する上位者の命令として理解されてきた。近代的立場なら暴力を掌握した者の命令、伝統的立場なら神のような超越的権威が発する命令が法だった。アーレントはこうした理解を踏まえて、自身の関係的な法を示した。すなわち先の水平的かつ、相互抑制的な権力を可能にする関係性を可視化したものを法としたのである。彼女の立場は、権力と同じく法にも超越的権威を求めていない。

『革命について』はその法観念をモンテスキューの言葉で次のように表現している。すなわち法は「関係」であって、「存在の異なった領域を維持する」というのである。また、「人間の法がなければ、人間同士の間の空間は砂漠となるか、むしろ、媒介となる空間そのものが全く存在しなくなる」とも論じた。権力が不在になると人々がフランス革命のような群衆へと堕してしまうように、その経路である法が失われると他者に影響を及ぼす手段が失われ、砂漠のように何も見当たらない不毛な空間が残される。

†立憲的統治とアメリカ

人々の間に水平的に作用する影響関係を前提にしたアーレントの法、権力理解は、『革命について』において次のように示されている。アメリカ革命における立憲的統治（constitutional government）は「「制限された」法による統治という意味での立憲主義ではなかった」という指摘である。

一般に立憲主義は制定法、とりわけ憲法によって権力行使を制限する原則を指す。換言すればそれは先の伝統的立場、すなわち権威からの命令である法の作用を前提にするものだった。権威から発せられる命令としての法が人々を服従させる権力の行使を促し、あるいは逆にそうした権威と法とが権力の恣意的運用を制限するのである。

立憲主義が顕著になったのは、近代になって宗教の影響力が減退し、超越的権威の地上での代行者が君主から憲法（constitutional law）に交代した時期である。君主もまた憲法に服することで法の支配が実現する。当然、イングランドの君主制に反抗したアメリカも、この意味での立憲主義を実現させたと考えられるが、アーレントはそう論じなかった。代わりに立憲主義を別の現象を指すのに用いたのである。権力と法とが機能する状況、あるいは関係的な法を媒介にして相互に相手を抑制する権力が認められる状況である。彼女によればアメリカには、権力と法とによって構成された（constituted）統治が出現した。

†アメリカ革命と約束

こうした主張は先に見た法、権力観を「活動」に関連づけることで理解できる。ある特殊な「活動」の構築した関係がこれまでに確認した権力作用を可能にするからである。その「活動」をアーレントは約束と表現した。約束によって私たちは相互に規制しあう（すなわち約束を守らせる）影響力を手にできるからである。

『革命について』は、アメリカ革命の「権力は、当時新しく発見された約束と契約とによって保持された」と言う。その約束とは、『人間の条件』で示された特殊な「活動」である。「約束の能力は、自分の支配と他人にたいする支配に依拠している支配形式に取って代わる唯一のもの」であり、約束を交わす当事者の意思によって交わされ、守られるものだった。

こうした約束とアメリカとの関わりをアーレントは革命前のメイフラワー誓約に求めている。ただしこの主張もまた独特だった。一般にメイフラワー誓約は彼女の言うような約束として理解されていない。通常それは、アメリカに到着したピューリタンが交わした宗教的な誓約と解されてきた。つまり、誓約の遵守は神が命ずるのであり、いわば神の命令を想定する伝統的法観念の文脈に依拠して了解されてきたのだった。

「構成された統治」のイメージを得るために、約束の特徴をもう少し見ておこう。第一に、約束は未来に行われる「活動」や言論の継続を可能にするために交わされる。第二に、約束自体が「活動」であり、自発性に基づいている。

第一の特徴は、例えば「明日、九時に改札口集合」という約束が、それを交わした時点より未来の行為の遂行を宣言することを指している。そうして私たちは相手の未来を相互に拘束し、それが果たされるまで相手に実行を促す影響力と関係性とを与える。つまり、関係者の行動を相互に抑制する経路を形成する点で、約束は権力基盤の要件を満たしている。

第二の特徴の自発性は、約束を「活動」とする規定から説明できる。水平的権力では伝統的構図とは異なり服従を強制できないため、約束は自発的に守られねばならない。そして、そうした遵守は約束が自発的に交わされることで期待できる。

†法的基盤としての約束

約束の特徴をこのように整理すると、それが権力の経路を形成することも理解できる。ただし、待ち合わせのような気軽に交わされる約束も法の基盤たりうるかは疑問だろう。

その疑問に関連して確認されるべきは次の二点である。一つは約束を基盤にした社会秩序の実現可能性、もう一つは約束順守の動機である。前者は、法の源泉に約束を適用した過去の事例を見ればよい。アーレントは古代ローマが、その人的共同体（societas）の基盤に約束を据えていたことを指摘した。「自由でまじめな約束」に基づく同盟は、共和制ローマを実現する強い権力を生み出していた。また、後者の動機の問題は「活動」の「予見不可能性」から説明できる。すなわち「活動」は前章の「人間事象の二重の暗闇」の議論が示すように不安定であるために、約束を交わし、それを遵守する必要性があると言える。

前章での整理にあるように「活動」者は、まず将来の自身の意思や心変わりを、そして「活動」の将来を予見できない。そのため実際に「活動」する者は、「自らを信ずることができない」。この「二重の暗闇」から脱するのに約束は効果的である。予見が困難な将来においても変心せぬことをあらかじめ周囲と約束することで自身を制御し、同時に、予見されない困難に挫《くじ》けず立ち向かうことを周囲に宣言するからである。

約束は、それを交わした相手に対する一貫した態度をあらかじめ示すことを可能にし、その遵守を期待させる。また、そうした姿を予示することで周囲からの評価のみならず自身の一貫性を先取りできる。このように約束は変心に起因する他者の不信と自己不信とを取り除く。約束を順守することで「二重の暗闇」を払拭《ふっしょく》するのである。

†共生への意思

『人間の条件』は約束を、「活動と言論との様式で他者と共生しようという意思そのものから直接に生まれる」ものとした。頻繁に意思を翻す、行動に一貫性を持たない信用ならない者として生きるのではなく、自らにも不信を抱くことのない、行動に一貫性を有した信頼できる存在として他者と関係を築き、人々とともにあり続けることを約束は可能にする。それが約束を交わし遵守する動機となる。

約束に基づいたこうした関係性、あるいは権力の形成を『革命について』は次のように述べた。「拘束と約束、結合と信約は、権力を存在させておく手段である。個々の活動や、行為の過程で人々の間に生まれたこの権力を損なわないでおくことができた場合、人々はすでに、いわば、結合した権力を住まわせておく安定した世界の建造物を創造し構成する活動の過程にあると言えよう。約束をなし、約束を守る人間の能力の中に人間の世界建設能力の要素がある」。この具体例がアメリカ革命だった。「アメリカ以外のどこにも起こらなかったことは、理論的にいえば、活動が権力の形成を導いたということ、そして、権力が当時新しく発見された約束と契約によって保持されたことである」。

約束に基礎づけられた権力の形成、あるいは自らの意思によって関係性を維持しようとする人々の態度が、アメリカ革命に確認された。先に触れたメイフラワー誓約で示された約束の「原理」が、その後のアメリカにおいても維持され続けていたというのである。

その根拠としてあげられているのが、独立革命時にイングランドの権威が否定され、その拘束から解放されてもなお、北米で交わされた様々な契約が破棄されなかったことだった。アメリカの「人民は、国王にたいする忠誠心はなげすてたが、彼ら自身の多くの契約、協定、相互約束、協合から解放されたとは決して考えていなかった」。つまり、それら古い契約の遵守が、アメリカの法をイングランドの権威に依拠した伝統的立場からではなく、メイフラワー誓約を範例とした約束から理解させることを可能にしているというのである。

『革命について』のそうした指摘は次のようなストーリーを想定している。入植当初のアメリカがイングランドの権威やキリスト教の影響下にあったのは確かだが、それは事実の一面に過ぎない。最初の入植者たちが植民船メイフラワー号上で交わした約束はそれ自身の「原理」を開示した。そして、それが以降のアメリカでは息づいていた。そうでなければ伝統的な法観念に従い、イングランドの権威が革命によって否定された時点で様々な契約は破棄されただろう。他者との関係性の維持という約束の提示する基本的な「原理」が革命勃発後にも受け継がれ、革命時にも交わされた契約は破棄されなかった。

4 憲法制定と権威

†法の源泉としての憲法

アーレントはそうして維持された「原理」を「政治活動の初等文法」と呼んだ。革命の直面した制度構築の問題は、その「初等文法」に従って解決された。イングランドから離れた新しい法体系をゼロから構築するのではなく、命令を発する新しい王を戴きもせずに、入植以来交わされ続けた様々な約束を法とすることで問題を解決したのである。ただし、その作業を遂行するには、交わされた様々な約束を法とする仕組みとしての権威が必要だった。

パブリウスらが制定に尽力した憲法は、その解決策だった。すなわちアメリカ革命の人々は、「法の新しい源泉を樹立し、新しい権力のシステムを考案しなければならないことは知っていた。しかし、法と権力とを同一の根源から引きだそうとは決してしなかった。権力の座は人民であったが、法の源泉はアメリカ憲法、すなわち書かれた文書であり、耐久力のある客観的なものだった」。

『革命について』は、約束を法へと昇華させる際に採られた手法について述べている。第一に伝統的法観念から離れて法と権力との源泉を区分し、それらを機能させること、第二に約束を法へと昇華させる権威を憲法に付与することがそれである。

前者についてはこれまでの検討から理解できる。権力と約束との関連はアメリカ革命では密接であるため、「権力の座は人民であった」という表現は、自発的に約束を交わし、その遵守を求める場面を思い浮かべればよい。ただし、その約束をそのまま法と見なすのではなく、法としての権威を付与する「法の源泉」が別に必要だった。そして後者は文言通り、「法の源泉」が憲法に求められたことを示している。権威と権力とを一元化して、それの発する命令を法と見なす従来の発想をアメリカは採用しなかった。

こうして権力と分離された権威の源泉として、憲法の果たす役割が期待されることになる。

ただし、そうした憲法の調達は容易ではない。なぜならそれは「法を人間の上に置き、人間の作った法の有効性を確立する」ことを意味するからである。その困難を理解するため、まず、アメリカに対照されていたフランスの憲法制定問題を確認しておこう。フランス革命は、先に見た伝統的法観念の影響下で憲法制定を扱った。革命が設立した共和国にも、群衆の暴力的振る舞いを規制するにも憲法は必要だった。

アーレントによれば、伝統的法観念を支えた超越的権威の影響がフランスでは減退していた。革命は教会を認めず、むしろそれを破壊したのである。その状況を前提にして憲法制定を論じたエマニュエル＝J・シイエスは、「憲法制定権力」(pouvoir constituant) と、「憲法によって制定された権力」(pouvoir constitue) とを区別し、前者を人民の意思として位置づけた。つまり、伝統的法観念における超越者の地位は人民に与えられた。

この試みは次の二点で問題だった。第一に、シイエスの手法では「憲法制定権力」を「憲法によって制定された権力」として合法化できない。第二に、そのため人民の意思を憲法が規制できず、安定した秩序を維持できない。人民の意思の変化に伴い憲法は繰り返し制定や改廃が繰り返される。憲法が人民の意思に従属してしまうのである。

人民の意思は頻繁に変化し憲法を変え、統治を不安定にした。その状況は、革命を成功裡に収束させるために欠かせない安定した統治が調達できなかったことを意味している。その混乱を回避しようと仮に、憲法に人民の意思を規制することを認め、人民の意思を「憲法によって制定された権力」と再規定しても問題は解決しない。「憲法制定権力」としての人民の意思は、そうした規定の上位に位置づけられねば機能しないからである。つまり人民の意思は、野放図なままに放置されざるを得ない。

†意思の支配

人民の意思によって憲法を制定し、その憲法が人民の意思を拘束すること、つまり「法を人間の上に置き、人間の作った法の有効性を確立する」ことの困難は、このようにフランスに確認できる。自らが作った法によって自らを拘束することを正統化するのは困難だった。

この困難は人民に法を認証する権威と法を生み出す権力とを併せて与えたために生じている。それは、かつての「君主政あるいは一者支配を、民主政あるいは多数者の支配にかえた」操作にすぎなかった。全ての権威と権力を握る絶対君主の地位に人民を据えたために多数の暴政を制御できなかった事情を『革命について』は指摘した。

神のような全能の存在が発する命令に権威を認めることは容易だろう。しかしシイエスの発想は人民にそれを求めている。こうした困難は、超越を戴く宗教の権威が減退したこの時代に特有の政治的課題だった。その時代の理論家ルソーは、先に触れたように「一般意思」をその回答とした。意思を自ら抑制的に用いる人民の存在を仮に構築することで、権力と権威とを人民が独占しても乱用されないとしたのである。しかし、ロベスピエールが見たフランスの現実は、暴力を恣《ほしいまま》にふるう人民の暴走を抑制する手段を持たなかった。

アメリカは、フランス革命が解決できなかった憲法制定問題を、従来の発想から離れることで克服した。それが先に見た約束を前提とした権力と権威との分離である。

ただし、この指摘を実際のアメリカ革命に適用することは簡単ではない。「アメリカ革命の人々は、ヨーロッパ的伝統の概念的・知的枠組みの中に縛られた」状態にあったからである。例えば、独立宣言の前文には、内容の正しさを神が認めるという表現がある。また、革命を主導したトーマス・ジェファーソンは宗教的権威を受け入れていた。従来的な法概念を支えた超越的権威は、革命の基本をなす宣言と思考に組み込まれていた。

つまり革命に対する人々の理解とアーレントの解釈とには齟齬がある。ジェファーソンの態度は、メイフラワー誓約に約束を見るアーレントの非宗教的解釈とは明らかに異なっている。しかし、こうしたズレを認識していたにも関わらず彼女は、自身の解釈を変えなかった。むしろその妥当性を補強するかのように、次のような議論を展開した。シイエスやルソーの示した人民に権力と権威を一元的に付与する発想自体の否定である。

†主権の否定とローマ的権威

政治学では権力と権威を一体化させたものを主権と呼ぶ。先のシイエスの憲法論は、人民にそれを認める人民主権論を下敷きに展開された。しかしアーレントは、そもそもの主権を「自由とは何か」で次のように否定した。「人々が個人としてであれ、組織された集団としてであれ、主権的であろうとするならば、彼らは、自我が自ら自身に強いる個人的な意思か、組織された集団の「一般意思」か、いずれにしても意思の抑圧に屈服せざるを得ない。人々が自由であろうとするなら、まさにこの主権こそが放棄されねばならない」。

革命に「自由の設立」を見たアーレントからすれば、この言葉はアメリカにおける主権の否定を示すに等しい。そもそもアーレントは権威と権力とを分離して理解する立場をとる。権力が相互の約束に依拠するなら、命令としての法を発する主権は不要である。

ただし繰り返すが、それでも約束を法へと昇華させるための権威は必要だった。それも超越的存在や、革命で否定された王に代わるものでなければならなかった。アーレントが発見したのは古代ローマ的な権威をアメリカ憲法に見ることである。それは第一に、アメリカ自身がローマに端を発する共和主義の影響を受けていた点で、第二に、そのローマ的権威が、従来とは異なる権威のあり方を示唆した点で都合のよいものだった。

第一の点については、先にも見たように共和主義的言説がアメリカで流通していたため、ローマの影響を指摘することが容易であった。第二の点については、そうしたローマの影響は、アメリカがローマの模倣ではなかったことをアーレントが強調した点を考慮しなければならない。アメリカはあくまでも「新しいローマ」の設立だったというのが『革命について』の主張であり、指摘されたローマ的な権威はローマの模倣が意図されたことを示すものではない。かつてのローマが次のように受け取っていた権威の概念を再生させるような契機がアメリカにあったというのが彼女の主張である。

†アメリカ憲法の権威と原理

小品「権威とは何か」は、ラテン語の権威(auctoritas)に増大(augere)の意味を重ねる語源論を用いた。それは、創設(foundation)、増大(augment)、保存(conservation)が一体として作用するものだった。そして、『革命について』によれば憲法は、公布されると同時に「宗教的」(religious)とも言えるほど熱狂的に受け入れられた。この宗教という言葉がローマ的な権威に重ねて解釈された。起源に関連づけるという意味を持つ religare としてそれは表現可能だったからである。すなわち「ローマの敬神がローマ史の起源である永遠の都市国家の創設にさかのぼって結びつけられて考えられていたように、アメリカ人の(憲法への――引用者註）敬神も、始まりにさかのぼってそれに結びつくこと（religare）として考えられた」。

この言葉は、次のような権威のストーリーを想定している。すなわちアメリカの「始まり」に位置した「活動」が、「政治活動の初等文法」を「原理」として開示し、それが継承された。メイフラワー誓約という創設の場面で示された「原理」は、後の行為者にも共有され、別の「活動」でも繰り返し体現されたのである。その「原理」は、イギリス本国への抵抗という形で開始された革命でも保持された。卓越への渇望に駆られて次々と人々が関与することで革命が進展する中でも、創設の「原理」は保存され、次々と革命に身を投じた者たちの「活動」でも繰り返され、増大した。憲法への宗教的とも言える熱狂的支持は、こうした起源への結びつきを示す「原理」が保障されたことで調達されたのである。

メイフラワー誓約で示された「政治活動の初等文法」とは、同等の立場から自発的に約束を交わし、相互の信頼を得ることで自己と他者への不信を克服することだろう。アメリカは、この最初期の創設の経験を保存し、増大させることで革命を完遂した。権威の源泉、あるいは憲法の正統性はそのように表現された創設の経験そのものだった。こうした理解を『革命について』は次のようにまとめた。「始まりは自己の妥当性の根拠となり、いわば、それに内在する恣意性から自分を救ってくれる絶対者を必要とするが、そのような絶対者とは、始まりとともに世界にその姿を現す原理に他ならない。始める者が、彼の行おうとすることを開始したそのやり方が、その企てを共に完成させるために加わった人々の活動の法を定める。そのようなものとして原理はそのあとに続く行為を鼓舞し、そして、活動が続く限り明白に姿を現し続ける」(強調引用者)。

†権威と自由

「原理」の保存と増大において権威が了解されるならば、それに人々が自発的に服従することが予想できる。その権威は「原理」を受け入れてなされる別の「活動」を「意思する」ことを妨げないからである。換言すればアメリカの権威は、「活動」の「自由」を補強するのであり、いわば「権威とは、人々が自由を保持する服従を意味する」のである。

こうした権威は人々を服従させるというより、むしろ「活動」の開始を促す。メイフラワー誓約の「原理」の継承によって調達された憲法の権威は、自発的に約束を交わし、それを保持する意思、あるいはそうした「原理」に触発された新しい「活動」と共にある。

こうして描写されるアメリカの秩序は、本章の冒頭で触れたアーレントの認識を体現している。自発的に交わされる約束、その約束を介した相互抑制的権力、それらを権威づけ制度化する憲法、これらが「活動」に基礎づけられたことで、「自由が現れる空間」の発生と維持とのメカニズムが提示されたのである。

5　失われた革命の記憶

†憲法制定の余波

「自由が現れる空間」を「活動」の革命が生じさせ、その空間の出現によって憲法が権威化されると同時に連邦共和制がその空間を保全した。「活動」の「自由」は憲法によって保全されたはずであるのに、革命の記憶はなぜ失われたのであろうか。

『革命について』は、先に確認した卓越に配慮した分権的制度の機能不全をその説明に用いた。制度を設計した者たちにとって卓越への渇望は自明であり、そのため多少の配慮で継続すると考えられた。しかし「活動」の余地を残すはずの地方政治は機能しなかった。「結局アメリカ人からその最も誇るべき財産をだまし取ったのは、アメリカ憲法そのものだった」。

憲法が人々の政治参加の領域とした「州政府や行政機関でさえあまりに大きすぎて扱いにくいため、直接参加は不可能だった」。「活動」の領域として残されていたはずの地方は、その空間を残すのに失敗し、憲法の権威の源泉だったはずの「自由」が失われた。「選挙日以外に自分たちの声を公的に表明する機会も与えない」まま人々は放置された。

換言すれば「憲法そのものが、人民自身にではなく、人民の代表者たちにのみ公的空間を与えた」。アーレントが論じ、トクヴィルが評価したアメリカ中央政府の少数支配的制度は慎重に設計され、結果、代表者に「活動」の領域を残した。強すぎる影響力が危惧された人々の卓越への渇望は、制限することだけが意識され失われた。

憲法が人々に与えたのは選挙による代表の選抜だった。「活動」の「自由」は消滅し、代わりに「具体的組成を欠いた抽象的な民主政」が跋扈《ばっこ》した。「活動」によって互いに関係し、その経験を通して何事かを達成し、自らの姿を開示する「自由」の政治は消失し、無名の膨大な選挙民の投票をかき集めるだけの多数決の政治が幅を利かせるようになった。

†忘却された経験

革命の主要メンバーの一人であるジェファーソンは失敗に気づき、繰り返し「郡（county）を区（ward）に再分割すること」を訴えた。「活動」し自身を暴露するには広すぎる連邦の最小単位である郡を分割してその機会を復活させることを、卓越への渇望を再び掻き立てるような制度改革を主張したのである。彼は革命を達成可能なほどの「活動」の能動性を次世代が受け継ぐことを望んだ。アメリカ合衆国という「大共和国の主要な力をなすものは、これらの小共和国」での個々人の「活動」に他ならないからである。

その想いは叶えられなかった。その結果、連邦共和制への理解は変化していく。卓越に配慮したはずの共和制は、数合わせの政治以外の何ものでもない民主政の亜種として再解釈され、アメリカの「新しい」経験はヨーロッパの古臭い言説に塗り替えられた。

革命の時代には抽象的言説に抵抗する「活動」の経験と、それを支える空間があった。しかしそれが失われて、ヨーロッパの抽象的言説が幅を利かせていく。『革命について』は、人間の精神は、現実を理解し、それと和解する働きが危険にさらされると「必ず、ほとんどどんなものでも受け入れてしまう」と指摘している。

こうして「活動」の経験を反映させた思考、すなわち革命の政治思想は地位を奪われ、ヨーロッパの観念的な政治哲学がアメリカでも力を持った。二〇世紀初頭のヨーロッパ大衆が見せた盲目的なイデオロギー受容ほどではないにせよ、功利主義や自由主義の観念が受容されたのである。自らの行為の経験を了解するための「物語」や、かつての革命の記憶を呼び覚ます道標たる「活動」の空間が消失したことで、「自由の設立」は忘却された。

†経験と思考

アーレントが最終章で論じたのはアメリカの失敗だけではない。パリ・コミューンやロシアの評議会など、それ以外の革命に出現した「活動」の空間と「公的幸福」、さらにはその喪失や忘却に頁を割いた。人々が「活動」すればいつでも「自由」が出現することを示したのである。その上で「活動」に支えられた「革命精神がそれに相応《ふさわ》しい制度を発見するのに失敗した」際に失われるのが制度だけではない点、つまり「活動」の空間であることを強調した。また、「その失敗を償うことができる」のが記憶と回想であること、つまりアメリカを通じて「活動」の経験を論じた『革命について』の意義がそこにあることを示した。

経験の書き換えに抵抗したアーレントの態度は、『暗い時代の人々』の「ヴァルター・ベンヤミン」を思い出させる。アーレントはベンヤミンの思索を過去を救い出す営みとし、海底の貝から真珠を集める作業に喩えている。

『革命について』が集めた真珠はもちろん「公的幸福」を伴う「自由の設立」の「物語」である。新しいことを「始める」人間の「活動」を記憶に留め、語り継ぐことで、アーレントはそうした「空間」の出現を伝えた。その意図は、実は、作品の冒頭に示されていた。「人間の思想が説得力のある比喩や普遍性を持つ物語を生み出す」ことで、「始まり」を語り継ぐ力強さを生むという指摘である。彼女はそうして政治の経験を反映させた思考、すなわち政治思想の重要性を示した。それはもちろん、「政治への敵意」から抽象概念を現実化することを企む、アーレントが常々批判的に描写し続けた政治哲学とは異なる。むしろ、経験を反映した「手摺なき思考」に近いものだった。

第六章　『エルサレムのアイヒマン』——悪の凡庸さをめぐる考察

1　アイヒマン騒動とアーレント

†裁判傍聴記録が引き起こした騒動

経験と思想との連携の重要性を示した『革命について』を発表したその年、アーレントはもう一つの作品である『エルサレムのアイヒマン』を出版している。この作品は、個性的なアーレントの著作の中でも群を抜いてユニークなものだった。彼女がしばしば取り上げる政治や哲学に関する思想的なテーマではなく、アルゼンチンでイスラエル政府に誘拐されエルサレムで訴追されたアドルフ・アイヒマンの裁判を扱っている。『ニューヨーカー』誌からの依頼で裁判を傍聴した彼女は五回の連載の後、それを著作にまとめた。作品は裁判の報告を目的とするものだった。

特異とも言えるその作品は、アーレントの著作の中で、非難も含めておそらく最も論及されたものであり、著者への社会的認知を高めたものだった。寄せられた非難について作品を翻訳した大久保和郎は、次の三つに整理した。第一が、ドイツからの非難、第二が、ユダヤ人コミュニティからの非難、そして第三が、アイヒマン自身の扱いに関する非難である。

第一の非難は、全体主義下で抵抗運動をしたとする者からのものである。アーレントは、いわゆる内面的抵抗や、ことが終わってからユダヤ人の受難に対して「責任を感ずる」という感傷的言説、あるいはナチの蛮行をドイツ民族や人類の責任へ転化する主張に辛辣《しんらつ》だった。それは、後に見る理由からヒットラー暗殺の陰謀についても変わらなかった。

第二のユダヤ人コミュニティからの非難は、ユダヤ協議会のホロコースト協力に関するものだった。法廷で避けられたその論点をあえて取り上げ、情報を補足してまで彼女はそれを論じた。それに対して「ユダヤ民族への愛」がないのかと問われたのである。

第三のアイヒマンの描写に関するものは裁判への態度にむけた非難だった。彼は悪魔的ナチであり、全世界が注視する中で裁かれねばならなかった。アーレントはその劇場的色彩の強い裁判を「見世物」と冷笑した。自身の出世に汲々としただけの凡庸な人物にあらゆる罪を被せようとした検察の意図をあげつらい、批判したのである。

†非難に対するアーレントの態度

こうした態度は多くの反発を招いた。しかし非難は的外れだとしてアーレントはまともに取り上げなかった。著作とは無関係に党派的利害から非難し、あるいは彼女にレッテルを貼ろうとする政治的キャンペーンだと考えたからである。そうした事態について彼女の友人で師でもあるヤスパースは、次のように述べている。『エルサレムのアイヒマン』は「思考の独立性の素晴らしい証言」であり、そのために「多くの著述家にはとても不気味なもの」だった。彼女が「暗黙裏に著述家たちの間に成立している連帯に属していない」ため、タブーを扱うことに躊躇《ちゅうちょ》しなかったというのである。

アーレントが取り上げたタブーの典型は、先に触れたユダヤ人のホロコースト協力への論及だろう。その事実はユダヤ人の多くが知っていたが、裁判でおおっぴらに取り上げられなかった。悪魔的なナチと無垢な被害者という自明視されたイメージや、そのステレオタイプを無批判に受け入れる人々にとっては挑発的な文章で、表現された。この騒動で彼女を知った者には、偏狭で意固地なものに映ったことだろう。皆が受け入れる見解に異を唱え、取るに足らない事実をあげつらい、不謹慎な表現でユダヤ民族の悲劇とナチの蛮行とを扱う著者の意図を多くの読者は推察できなかったからである。

アーレントのこれまでを確認してきた読者なら、こうした態度にこそ彼女らしさを見るだろう。全体主義は半生にわたる思想的検討の対象であり、その過程では従来の思想や通念をも厳しく批判した。あるいは教養を礼賛したかつての風潮を「俗物」として冷笑した。独立した態度は処女作にも認められ、結果として作品への評価を下げるほどだった。

独立した態度はアーレントの習い性でもあったが、大がかりな政治的キャンペーンによって非難されても態度を崩さなかったことには重要な意義がある。一般に、著述家が小規模なサロンや、そこで回覧される目立たない主張で反社会的ポーズや、独立した態度を示すことは珍しいことではない。第二章で触れた「例外ユダヤ人」がそれに当てはまる。

社会上層の集うサロンで一部のユダヤ人が例外を装うことは、保身のためだった。その装いは反社会的見かけとは裏腹に、サロンの入場券として機能したからである。しかし、アイヒマン騒動でのアーレントの独立性は、その類ではない。国境を越えて非難が押し寄せ、自身の立場を危うくするキャンペーンに遭っても態度を変えなかった。ヤスパースの指摘した独立性は、例外を嘯《うそぶ》くポーズとは異なる、毅然とした姿勢を指している。

†『エルサレムのアイヒマン』のテーマ

本章では『エルサレムのアイヒマン』のテーマを二つに絞って指摘したい。一つはイメージを現実よりも優先させる世界疎外的傾向について様々な角度から扱っていること、もう一つは、大勢に逆らい立ち止まり、独立した態度をとることの重要性である。

前者については、先の「見世物」裁判への冷笑が当てはまる。後者の独立した態度についてては、作品内で扱われたことはもちろんだが、作品が巻き起こした騒動も視野に入る。それは以後の作品でアーレントが実感を込めて重要性を論じた問題だった。

これから確認するように、証言台に立った少なからぬ人がイスラエル政府の醸《かも》した雰囲気に流されていた。喧伝されたイメージに引きずられ、裁判と無関係なユダヤの受難を証言した。それら証言は民族の受難を世界に周知するイスラエル政府の目論見に適うものだったが、アイヒマン自身の行為を扱う裁判とは無関係だった。そうした裁判の傾向は、支配的なイメージや雰囲気に抗して独立を保つことがいかに困難であるのかの例証となっている。アーレントはこの点をよく理解し、一部の証言者が自身が目にしたことをそのまま法廷で証言したことを、高く評価している。

†見世物裁判という構図

一見すると余計な混乱の種にすぎない冷淡な筆致や不謹慎な表現は、独立した態度に関連している。すなわち「見世物裁判」の政治宣伝に躍らされることなく法廷で扱われた問題を示すには、そうした表現によってバランスを取る必要があった。

アーレントが自身に課したのは、裁判で公開された資料や実際の弁論、あるいはそれに関連して飛び交った様々な報道が帯びていた偏向を排した法廷の報告だった。しかし彼女の手元にあったのは、政治的意図の混在や偏向が疑われる検察側の資料や支離滅裂なアイヒマン自身の抗弁だった。それらを基に、仮に客観性を装った表現で記述を重ねれば、資料に混入した歪みを見逃し、それを補強すらするだろう。それが杞憂でないことは、同時期に同じ情報に触れた大衆の大半が、彼女への非難に回ったことに示されている。

こうした点を考慮すると、作品があえて裁判の権威や検事の文言を揶揄《やゆ》し、あるいはユダヤ民族の悲劇を強調する内容を紹介しながら同時にシオニストやユダヤ人協議会がナチに協力した事実を示したことには意味があった。あえて反発を喚起する彼女の筆致は、裁判の「見世物」としての性格を、否応なしに読者に意識させるための方便だった。

このように『エルサレムのアイヒマン』は、当時の政治、社会的状況を多分に意識して書かれている。アーレントは大衆が政治宣伝に触れ、大勢に流されようとしている場面で、それを看過せずに自身の言葉で、独自の立場で著述することを選択したのである。

こうした解釈は必要以上に彼女を擁護しているかもしれない。しかし、過去の経験を保持することの重要性は同時期の『革命について』でも主張されている。「ユダヤ民族への愛」を疑われ、作品内の表現に対する非難が繰り返されても態度を崩さなかった事実は、何らかの明確な意図から選択されたことを物語っている。

アーレントはおそらく、大勢に流されたなれの果てたるアイヒマンを裁く裁判が、イスラエル政府の宣伝の場に堕すことを、そして自身がそれに加担することを回避しようとしたのだろう。たとえ消極的にでもそうしたキャンペーンに加担することは、「ユダヤ人の体験した真実を歪める」ことになる。エルサレムの法廷はあくまでもアイヒマンの罪状に「判決を下すことこそが唯一の仕事」であるというのが彼女の立場だった。

2 審判の記録としての『エルサレムのアイヒマン』

†アイヒマンの人物像

作品の冒頭でアーレントはアイヒマン裁判の「見世物」的な要素に論及している。裁判がイスラエル政府の依拠するシオニズムの正当化に不可欠な、ユダヤ民族の悲劇を扱う目論見とともにある点を指摘し、彼女がそれに対して懐疑的だったことが示されている。

次いでアイヒマンの性格と経歴とが紹介される。裕福な家庭に育ちながらも社会から脱落した前半生や、経歴を詐称することを止められない大言壮語する性格、知人に流されてナチの運動に入り、親衛隊長官直属の公安部に志願したこと等が描写されている。彼が『全体主義の起原』で論及された人物類型に重なることがわかる。一つに彼はモッブの特徴をある程度まで備えており、もう一つには「官僚制」を支えた人物類型にも当てはまることが確認できる。

前者は、アイヒマンが社会的な落伍者であって、成功を求めて運動に身を投じたことを読み取れる。きっかけは知人の勧誘に過ぎず、運動に対する予備知識もなかった。それは彼が、狂信的な反ユダヤ主義者としての特徴を持たないことを意味している。また、暴力的傾向も認められず、その点からすればドレフュス事件に見られたような粗暴なモッブとしての性格も持ち合せていない。しかし、公安部への志願は出世を求めてのものであり、そうした世俗的な関心を生涯持ち続けた。この点においては、成功を求めて帝国主義の蛮行に加担したモッブの海外での姿に重なる。

アイヒマンはまた、与えられた職務に忠実だった。ユダヤ人絶滅が決定された際には抵抗を示したが、すぐに絶滅収容所への移送任務に専心した。それは、敗色濃厚な中で撤退を試みるドイツ軍の移動を妨げるような場面でも変わらなかった。国家の命令という巨大な力に忠実だった点で、彼はまさしく官僚だった。

†想像力の欠落と現実の遮断

裁判でのアイヒマンからは、職務への忠勤だけでなくイデオロギーへの忠誠も認められた。ナチのスローガンを繰り返し法廷で表明し恭順を示した。その態度は取り調べ時から見られ、狂信的ナチという検察の意図したイメージを補強するものだった。

アーレントはしかし、イデオロギー的言明について真剣に取り上げていない。その態度を、筋金入りのナチの証とは見ず、むしろ能力的欠陥の証としたのである。すなわち「法廷でしゃべっているときでも、彼の述べることは常に同じであり、しかも同じ言葉で表現」していた。

被告席に座るアイヒマン（1961年）

こうした態度は、何らかの悪事を隠蔽する意図的なものでも、イデオロギー的な狂信の証でもなかった。代わりに「この話す能力の不足が思考する能力、つまり誰か他の人の立場に立って考える能力の不足と密接に結びついていることは明白である」としたのである。

こうした解釈は、繰り返された発言と態度との不一致による。アイヒマンは過去の発言との食い違いや、一貫性のなさを自覚できなかった。ユダヤ人の救済者として自身を語ることも、あらゆるユダヤ人の迫害が自らの責任だとホラを吹くことも、同じ真剣な調子で述べることが可能だった。決まり文句を繰り返し発言するだけで満足したのである。そうして発せられた語の醸し出す雰囲気に浸り、思考を停止させていた。そのため「アイヒマンとは意思の疎通が不可能」だとアーレントは言い切っている。

アイヒマンのこうした欠陥は「現実そのものに対する最も確実な防壁」だった。教えられた文言を繰り返すことで言葉の醸す雰囲気に浸り、現実から顔を背けた。彼は世界疎外をその欠陥によって可能にし、自ら反省してその立場に自身を置いてみるような「言葉と他人の存在」を想像できなかった。

こうした指摘は、『全体主義の起原』を思い起こさせる。運動の構成員を現実から遮断することに着目すれば、運動の中核は、賛同者の層に囲まれることで周囲の現実が見えなくなる。ユダヤ人の世界支配という荒唐無稽な主張に基づく運動は、そうした防壁によって主張の基盤をなす嘘を見えなくした。アイヒマンの周囲にそうした賛同者の層が存在したかどうかを『エルサレムのアイヒマン』から読み取ることはできないが、自身でそれに類するものを有していた。それが先の能力上の欠陥である。

現実の遮断には別の手法もあった。ナチはユダヤ人の絶滅を「最終的解決」、ガス室での殺害を「医学的処置」とする婉曲表現によって、何百万もの人間の殺害に関与しているという事実から関係者の意識を逸らした。アイヒマンはこの歪曲《わいきょく》と能力上の欠陥とによって、自身の業務の凄惨な実相に向き合わずに済んだのである。

現実感覚や、他者を想像する能力の欠落は、次のような振る舞いにも現れている。「八ヶ月にも渡ってユダヤ人警察官から取り調べを受けるという目に遭いながら、アイヒマンは何の躊躇《ため》いもなくそのユダヤ人に、自分が親衛隊で最も高い地位に昇れなかった理由と、またそれは自分が悪かったからではないということをくり返し長々と説明して止まなかった」。これから裁判にかけられる立場を考慮すれば異様な態度である。彼のコミュニケーションの困難さを確認できる。

こうした特徴が紹介されると読者は、おそらくアイヒマンに精神的、道徳的欠陥があったのではないか、あるいは被告としての責任能力を疑うだろう。しかし、イスラエル当局は専門家の鑑定によってその可能性を排除していた。むしろ家族への振る舞いや言動からすれば理想的な精神状態と道徳観を有していると判定されていたのである。

アーレント自身はただし、下された鑑定に対して、彼が発した様々な決まり文句の中に専門家を満足させるものがあったのだろうという論評を加えている。またアイヒマンへの鑑定が、先の能力上の欠陥にまで関心を払わなかったことも指摘した。

こうした指摘から浮上するのもモッブ的傾向である。彼は、ホロコーストに加担している最中でも自身の出世に汲々とし、自らを大きく見せようと経歴詐称するような人物だった。そのため、犯罪に加担しながらも良心の疼《うず》きを感ずることもなく家庭では良い父親でいられたのである。

†親シオニスト政策

アイヒマンの実像を描写した後、作品はホロコーストに至る経緯を描写する。ユダヤ人絶滅を示唆する「最終的解決」が決定されるまでにはいくつかの別案が存在し、彼はその中のマダガスカルへの移送や、ポーランドにユダヤ人居住区を作る案を支持していた。つまり彼は絶滅を積極的に支持してはいなかった。

アイヒマンの態度には理由があった。新しい部署に配属され、「ユダヤ人専門家」として職務に取り組み始めた折、ユダヤ人の海外移住を主張したシオニズムに共感したのである。保守的なユダヤ人がヨーロッパに留まることを望んだのに対して、シオニズムがそう主張したのは、ユダヤ人の周囲には敵しかおらず、それを脱するには独立した権力を得ねばならないという友敵二元論の世界観による。

いわば修行中にその発想に触れ、共感を覚えていたアイヒマンには、移住案を支持する別の理由もあった。案が実現された際に新しく設置されるユダヤ国家の総督の地位に関心を抱いていたのである。ここでもモッブ的な成功を望む心性が顔を覗かせていた。

アイヒマンのこうした態度の背景にはナチの親シオニスト政策があった。一九三九年の「最終的解決」決定以前、シオニズムはドイツの非ユダヤ化に好都合だった。その状況下でナチはシオニストに接触した。つまり「シオニストだけがドイツ当局と交渉を行う機会を持っていた」のであり、「ユダヤ人役員は「苦情や請願を提出する」ことができるような、一種の協力関係があった」。そして、この協力関係はシオニストにも好都合だった。正体を現す前のナチは数多く存在する敵の一つに過ぎず、取引可能な話の通じる相手と見なされたからである。移住を忌避し現地に同化して生きる保守的なユダヤ人の考えを転換させシオニストの主張を浸透させるのに、ユダヤ人排斥を主張するナチは有用だった。

結果から述べれば、その判断は誤りだった。イデオロギー的に排斥が決定されていたユダヤ人は、ナチにとって同等の立場にある取引相手ではない。もちろん、当時の状況においてその本性を見抜くことは困難だったが、ユダヤ人の絶滅は実はかなり早い段階から高官の間で意識されていたとアーレントは言う。先の移住案はどれも実現不可能であり、三百万名以上のユダヤ人を生きたまま遠地に移住させる手段は存在しなかったからである。しかしシオニストは、そうした偽装を見抜けなかった。自身の二元論的世界観に浸ってナチの実相を捉え損ね、結果的にナチの伸長に助力したのである。

†ユダヤ人の救済者

「ユダヤ人問題」の専門家としてこの時期に交渉にあたったアイヒマンは、自身をユダヤ人の救済者だと主張している。彼は「数十万のユダヤ人の生命を救った」という。その主張には確かに一定の根拠があった。「ユダヤ民族の最悪の虐殺者の一人として歴史に記録されるべき男が、ヨーロッパからのユダヤ人救出の積極的協力者として登場」するような事態が、ソビエトとの戦争が始まる以前のウィーンには生じていた。

ただし、それを救済と呼べるのは、後の凄惨な歴史を知るからだろう。アイヒマンはシオニストとの交渉窓口を務めたベルリンから、強制移住の専門家としてウィーンの事務所へ異動した。実際、一部のユダヤ人は自身の住処から追い立てられ移住した。

こうした業務の根底にユダヤ人への個人的友情があったとアイヒマンは主張した。ただし、仮にそうした感情が存在していたなら、後の「最終的解決」への関与の説明が問われるだろう。しかし、能力上の欠陥という「防壁」に守られていたため、彼は救済者としての自負と何万ものユダヤ人を絶滅収容所に送り込んだ行為とを切り離すことができた。ユダヤ人との友情を大真面目に法廷で述べる一方で、自身の過去の悪行への加担を覚えてすらいないことを幾度となく露呈したのである。

こうした一貫性のなさをアーレントは繰り返し描写した。例えば、アイヒマンは一九四一年の秋に「最終的解決」が指令された際に酷いショックを受けている。すでに着手されていた東方での虐殺に立ち会って蛮行を繰り返し目にした際には、その仕事に自身が向かないと上官に訴えてさえいる。しかしこの反応はすぐに消え、やがて殺戮現場に人々を送り込む仕事に邁進した。この時期、彼は身の危険を感ずることなく職を辞することが可能だったが、そうは選択しなかった。虐殺に忌避感を示した「彼の良心が正常に機能したのはおよそ四週間ばかりで、その後は逆の方向に機能し始めた」。「ユダヤ人の移動や移送は毎日の決まり切った仕事」にすぎなかったのである。

✝アイヒマンの遵法

一九四二年にナチおよびドイツ国家機構の高官を集めたヴァンゼーでの会議で、ユダヤ人に対する「最終的解決」がヨーロッパ全土へと拡大されることが決まった。そのために必要な全省庁および全官僚機構の積極的協力が取りつけられた。以前は黙認という形でなされていた「最終的解決」への各機関の協力は公のものとなった。

「最終的解決」へと突き進む意思が示された決定の場に、アイヒマンは書記として関わった。こうして彼は「最終的解決」に関してわずかに残っていた「疑念が晴れた」。自身より優れた高官らの下した国家の決定に従って「最終的解決」に携わることに「自分には全然罪はないと感じた」のである。

アイヒマンはこうして職務に邁進した。法廷で彼は「国家によって犯罪が合法化されていた時代」に、「法を守る市民として」それを遂行したと述べた。それに対してアーレントは次のように批判した。「法を遵守するということは単に法に従うことだけではなく、自分自身が自分の従う法の立法者であるかのように行為することを意味する」。抽象的なその論理が断ずるのは、「汝、殺すなかれ」という普遍的な法ではなく、国家の定めた「犯罪的」な法にアイヒマンが盲目的に従ったことの問題である。無実の者の大量殺人を国法が認めてしまったとき、それが適切かどうかを彼は考慮すべきだった。

国法に対するアイヒマンの義務の履行は徹底しており、大戦末期には上官の命令に反することすらあった。敗色濃厚な末期に、敗戦後の保身を図って「「最終的解決」の中止」を指示する上官や同輩に反して移送を続けたのである。言い換えれば、こうした指示が命ぜられねばならないほどにアイヒマンは法を守った。上官の違法な命令に従うべきでないと、「法を守る市民」として自ら行動したのである。

†ドイツの道徳的混乱

こうした倒錯状態にあったアイヒマンではあるが、彼の周囲はどうだったのだろうか。『エルサレムのアイヒマン』は当時の状況を知ることができる二つの道徳的混乱を取り上げている。一つはドイツ国内の、もう一つはユダヤ人自身の「最終的解決」に関わるものである。

前者についてアーレントは、ドイツではユダヤ人の殺戮に関心を向けられることが極端に少なかったことを指摘している。その例として、一九四四年にヒトラー暗殺の謀略に与した者たちが言及される。あまり事情に明るくない者からすれば、ナチス体制を転覆しようとしたその試みがアーレントから非難される謂れはないように思われる。

しかし、ナチの高官を含む首謀者たちはユダヤ人の状況を十分に認識しながらも虐殺に関心を示さなかった。彼らが「ヒトラー暗殺に成功した場合に備えて準備していた声明のなかでは、東部における大規模な虐殺に触れることが極めて少なかった」。せいぜい占領地域における殺戮が連合軍との和解での「障害」になるとか、「ドイツの名声を汚す」ものだという認識が示されたにすぎない。何百万人もの人間が虐殺されている事実が、「ドイツの名声」よりも重大で「もっと恐ろしいものであることに、彼らは全然思い及ばなかった」。

アーレントは、道徳的混乱を露呈したその暗殺計画を評価しなかった。レック＝マレッツェーヴェンという作家の言葉を引いて、一九四四年という「もはや破局を人々の目から隠すことのできない今になって、この連中は自分自身の政治的アリバイを作るために崩れ掛かった家

その計画に自己保身以上の意義を認めなかったのである。

を見捨てるのだ——自らの権力追求を阻むすべてを裏切ってきたその同じ連中が」と批判した。

†欺瞞への非難

そもそもアーレントは、体制内部者の保身に辛辣だった。別の箇所では、いわゆる内的亡命を批判している。戦後の法廷で乱用されたその用語は、被告となった者に無分別に用いられた。東方で一万五千人以上の虐殺を指揮した者ですら自身はその行為に内心では反対だったと述べ、減刑を求めたのである。

同様にナチ関係者に下された戦後ドイツの寛大な判決も批判した。過大な情状酌量を示すことで過去の行為や現実から目を背けさせる欺瞞的なものだったからである。また、自分が地位を占めたことで「本物のナチ」がその椅子に着くことを妨げたという一部で流通した責任逃れの欺瞞的言説には、そのために「よりナチらしく」振る舞わねばならなかっただろうとアーレントは糾弾した。ヴァンゼー会議で非ナチの高官もが積極的関与の意思を示したように、当時、地位を守った者は犯罪への加担を免れなかった。免れるには公職から一切身を引く以外の選択肢はなかったのである。

こうしたドイツの道徳的混乱の一つの要因は、自己欺瞞を可能にした現実逃避にある。大戦当時も、後の法廷でも、加担者のほとんどがユダヤ人の殺戮から目を背けていた。あるいはヴァンゼー会議に臨席したアイヒマンのように、下された方針に従って判断を避けた。誰の目にも明らかな犯罪を正面から見据える者はいなかったのである。

†ユダヤ人コミュニティの影

被害者となったユダヤ人にも自己欺瞞が認められた。ユダヤ人協力者の存在である。その存在は、ナチの占領地域が拡大するにつれて各地で類似の組織が確認される程度に一般的だった。ナチはドイツ本国、あるいは傀儡《かいらい》政権の樹立が可能だった占領地でユダヤ人コミュニティに協力者を募らねば「最終的解決」を遂行できなかった。

その典型がユダヤ人警察とユダヤ人協議会である。その役割は大きく、例えば「ベルリンにおける最後のユダヤ人の狩込みは完全にユダヤ人警察のみによってなされた」。アーレントは次のようにも指摘した。「犠牲者の協力がなかったなら、数千人ばかりの人手で、しかもその大部分は事務室で働いているというのに、何十万人もの他民族を抹殺することはほとんど不可能だったに違いない」。

ユダヤ人警察が実働部隊であったとすればユダヤ人協議会は、犠牲者を誰にするのかという名簿を作成するためにナチから権限を与えられた長老たちだった。「ナチは彼らに絶大な権力を与え」、その一部の者たちは「この新しい権力を喜んでいた」のである。

アーレントは彼らの意識について、沈みかけの船を港へたどり着かせるために貴重な積荷を捨て去る船長の如く、民族の保全のために犠牲者を選抜した、と推察した。しかし、その意識こそ欺瞞に他ならなかった。その典型がハンガリーに見出せる。四七万六千人を犠牲にして生き残ったのは一六八四人にすぎなかった。

†犠牲者の選抜

アーレントが関連して指摘したのは、そうした生き残りの中に評議会の役員やその関係者が含まれていたことである。こうした長老たちの選択に役立ったのが、ユダヤ人を区分する恣意的なカテゴリーだった。すなわち、著名な者、優れた者は無名な者よりも生き残るべきであるという判断が示され、それがユダヤ人評議会の自己保身を可能にさせた。優れた指導者は、皆を導くために生き残らねばならないのである。

犠牲者を選抜するこの区分もまた当時の道徳の混乱を物語る。ユダヤ人の死命を分かつ重大なものであったのにその区分はナチの恣意に依拠していた根拠のないものだった。外の世界に縁者を持つ著名なユダヤ人は、消息照会がされることで「最終的解決」から免れていた。ただしそれは円滑に業務を遂行するための処置にすぎず、あくまでもナチにとって「ユダヤ人はユダヤ人だった」。

犠牲者を区分するナチの恣意的カテゴリーは、どこからも非難されなかった。ユダヤ人自身も、彼らを助けようと尽力した善意の外部者もそのカテゴリーを容認していた。その上で「例外」とされた著名な存在への待遇の改善や、「最終的解決」からの免除が求められた。つまり「自分の場合を〈例外〉とすることを要求する者はすべて、暗黙のうちに原則を認めてしまっていた」状況があった。

著名だとか外国籍だとか、もっともらしく用いられたナチのカテゴリーを暗黙裡に受け入れることで、ユダヤ人協議会の長老は保身を可能にし、善意の外部者はナチの犯罪に意図せず加担した。法廷でのアイヒマンはそれを証言している。無名の、あるいは無国籍のユダヤ人を東方に移送することへの反対は誰からも受けなかったのである。

こうして生き残った者たちの一部がパレスチナに渡り生活することになった。しかし、裁判でこうした明白な過去を取り上げることは難しかった。なぜなら、証人として登場した者の少なくない数が、自身のコミュニティの成員の前で当時の事情を証言せねばならなかったからである。過去の事情に言及すれば、かつて協力者だった仲間を裏切り者として告発する事態にもなりかねない。こうして不都合な証言はしばしば回避された。

ユダヤ人コミュニティにとって、協力者の件は触れられたくないものだった。アーレントはそれでも法廷で扱われた事実をより明確に示すため、この点を取り上げた。読者はおそらく気づいているだろうが、ドイツおよびユダヤ人の道徳的混乱というこれら二つの論点は、そのまま彼女への非難を喚起した要素だった。彼女はアイヒマンの現実逃避を皮肉な調子であげつらうだけでなく、関係者ならば触れられたくないような過去を正面から取り上げた。そうしてアイヒマンに限らず自身に都合の良いイメージに守られて世界疎外の中に生きる者たちに、忘れ去られるべきではない過去を突きつけたのである。

†恣意的区分への消極的な受容

ユダヤ人の絶滅に関する凄惨な内容について触れた後、アーレントはヨーロッパ各国の対応にも触れた。アイヒマンが飛び回った各地での対応を描写した記述から、理解できるのは、ナチの対応が国情によってブレがあることがわかる。

ドイツ本国、西ヨーロッパ、バルカン、中欧、東欧の事情がそれぞれ示されているが、本章では紙数の関係で全てに論及できない。代わりに共通して確認できる傾向を示すと、まず、多くの国で無国籍、外国籍のユダヤ人に被占領地の政府は冷淡だった。次に、西欧よりも東欧で過酷な対応が取られた。さらには、ユダヤ人の弾圧を現地に働きかけたナチは、要求を思うがままには押し通せなかったことも確認できる。輸送業務を担当したアイヒマンらが少人数だったことの影響もある。現地機関の協力が必要だったため、国情に合わせた妥協を迫られたのである。

こうしたいくつかの一般的傾向が確認できる一方で、次のような事実にも論及があった。まず、暴力的抵抗が示された際は、より苛烈な暴力で対抗されることが多かった。対象がユダヤ人パルチザンだった場合が特にそうで、拷問が躊躇なく用いられた。むしろ、ほとんどのユダヤ人は、抵抗らしい抵抗を示さなかった。彼らは自らの足で死地へと赴いたのである。加えて、ほとんどの場合、こうした非人間的なユダヤ人への扱いの背景に周囲の無関心があった。政府だけでなく周囲の人々も、ユダヤ人には冷淡だった。ユダヤ人とは違って暴力に晒されてはいなかったので意見表明も可能だったが、自国籍でもない「余計なもの」の状況に多くの関心は払われなかった。

こうした記述は『全体主義の起原』でアーレントが抽象的な示唆に止めた全体主義社会の実相を伝えている。その中で特に興味深いのは、「容赦のない厳しさ」としてイデオロギーへの恭順を喧伝していたナチが、現実の抵抗に遭遇すると軟化したことである。その反応の意味するところの一つは、現実の及ぼす影響力が存外高いこと、あるいは現実の抵抗に対してイデオロギーが貫徹されないことである。もう一つは逆に、現実がイデオロギーに融和的ならば、一貫性を保持できたことである。

前者に関連して、『全体主義の起原』でもナチの中核は賛同者という「防壁」に囲まれることでイデオロギーを保持したという議論があった。その「防壁」が不在の場合、「容赦のない厳しさ」が貫徹されないのは、ある程度理解できる。

また、後者については、被害者であったユダヤ人、およびその周辺のユダヤ人支援者の双方がナチの恣意的区分を無意識に受け入れたことで、結果としてホロコーストの障害を減らしていたという事実がある。

ユダヤ人の現実逃避は、ナチをシオニズム的な世界観から理解し取引相手とすることで運動の伸長を妨げなかった。民族だけでなく自己の保身をも図った長老も犠牲者を選抜してホロコーストに貢献した。彼らだけでなく周囲のユダヤ人に関心を示さなかった被占領国国民も、ユダヤ人を助けようとして奔走した数少ない者たちもナチの恣意的区分を消極的に受け入れていた。無名の被害者の絶滅収容所への移送は、繰り返すが、誰からも反対されることはなかった。

3　悪の凡庸さをめぐる考察

†アーレントの変化

こうして『エルサレムのアイヒマン』の議論を確認してくると、全体主義研究者としてのアーレントの見解の変化も看取できる。例えば「容赦のない厳しさ」をナチが堅持できなかったことの確認は、以前の作品には見出せなかった。

また、アイヒマンが繰り返し法廷で表明したイデオロギーに対してアーレントがその内容に関心を示さなかったことも、以前の作品との違いを感じさせる。『エルサレムのアイヒマン』が法廷の報告という体裁である点から当然とも言える態度だが、全体主義との思想的対決にある程度の目途がついていたことも無関係ではないだろう。『人間の条件』や『革命について』で全体主義克服の方途は確認されており、これ以降に発表される『全体主義の起原』の改訂版にそれが反映される点からも理解できる態度である。

法廷でアイヒマンが口走ったイデオロギー的な定型句の内容に関心を払わなかったアーレントであるが、そうした定型句を繰り返した事実には関心を示した。この後に触れる彼の凡庸さに関係するためである。さらにそれは、晩年の哲学的著作である『精神の生活』へと繋がっていくことになる。

これら以外の変化として、とりわけ次の三点は、検討しておく必要があるだろう。第一は、全体主義が構築しようとした「忘却の穴」はそもそも意図からして無理があり、「反対者たちを〈沈黙せる匿名性のうちに消滅させせ〉ようとするすべての努力も空しかった」ことを指摘した。現実改編という全体主義の試みは「誰かが必ず生き残り証言する」ことで破綻することを確認したのである。

こうした認識の変化には、大勢に流されないことの重要性という『エルサレムのアイヒマン』のテーマの一つが関連している。アーレントはまず、「経験を語ることがいかに難しいか」を、「物事を変容させる」詩人のような能力の必要性から説き起こし、ほとんどの証言者にそれを求めることができないことを指摘した。なぜなら「話者にとっては一六年以上も、場合によっては二〇年も昔に起こった事柄を、それまでのあいだに読んだり聞いたり想像したりしたことと区別する」能力は一般人に期待できないからである。実際、法廷では検察の宣伝的意向に沿う証言が繰り返された。「証人が本筋と関係ないことを言う権利」が認められ、民族の悲劇を喧伝する「見世物」に意図せず貢献していたのである。

もちろん、状況に流された証言だけではなかった。「ゲットーや収容所から生き残った人々」が「二度と再び非ユダヤ人を目にすることのないところへ行きたいというただ一つの望みしか持たなかったこと」が伝えられた。「まったくどうしようもなく見捨てられた状態」で、「反対者に対してその信条のための偉大な劇的な殉教者としての死を許さない」全体主義から彼らは生き残った。

第二の変化は、こうした独立した証言をアーレントは重要視した。ナチの中核やアイヒマンの上司でまさにその一員だったハインリヒ・ヒムラーが、イデオロギーの完全な信奉者ではなかったことである。イデオロギー的思考様式に馴染み現実を無視する中核メンバーという前作のイメージとは異なっている。

第三の変化は、「悪の凡庸さ」という表現に示された、全体主義のなした悪に対する見解の変化である。地上の「地獄」を作り出し、人間を「反応の束」へ周到に作り変えた体制で中核を担ったものは、「根源悪」を取り上げて考察せねばならないほどに理解困難だった。しかし、先に確認したアイヒマンの描写は、そうしたイデオロギー的狂信とはほど遠いものであり、「悪の凡庸さ」とアーレントが思わず表現してしまうような姿を露呈している。悪に関する認識の変化も示されたのである。

†イデオロギーと現実認識

第二と第三の点は関連しているため、まとめて触れよう。まず、『全体主義の起原』では運動の中核が、現実から遮断されてイデオロギーへの忠誠を保持した存在として描写された。絶滅収容所は全体主義体制の核たる施設であり、それに関与する中核メンバーは現実を無視してイデオロギーの実現を担う者だった。しかし、戦後を見越してアイヒマンにユダヤ人移送の中止を指令して保身を図るヒムラーは、イデオロギーを現実より優先するナチ中核とは異なる印象を与える。戦後を考える現実感覚が残されていたように見なせるからである。

アーレントは結論部で、そうした証拠隠滅の行為を次のように評している。証拠隠滅の指示を、ナチの中核が自身の行為を疚《やま》しく感じていた、つまり現実感覚を残していたことの証と見なすことはできないというのである。敗色濃厚な状況でのそうした画策は、自己保身の表れにすぎなかった。仮に勝敗の帰趨《きすう》がドイツに有利だったならば、そうした行動はなされなかっただろう。つまりナチ高官は保身に走ったのであって、彼らの行いを疚しく感じるような現実感覚を残していたとは言えない。

こうした指摘は先に見たドイツの道徳的混乱に対する見方に近い。ヒムラーら高官の行いとヒトラー暗殺をもくろんだ者たちの振る舞いの類似をアーレントは理解していた。すなわち、ヒムラーらがユダヤ人の殺戮の停止を命じていたとしても、それまでに自身が成した行為の悪を認識していた証拠とはならない。イデオロギーが積極的に後押しし、彼らが実際に手を染めた悪を認識する感覚は相変わらず狂っていた。残されていたのはイデオロギーに基づく行為を受け入れないだろうという周囲への見下しと、自己保身に基づく判断力だった。

†「容赦のない厳しさ」の限界

こうしたアーレントの指摘を踏まえてあえて指摘したいのは、それでも以前の描写との間に差があることだろう。ヒムラーらナチは、証拠隠滅を図る程度に功利的な判断ができたのであり、イデオロギー的な論理から離れて頭を働かすことができたのである。

　加えて、ナチ成員の示した卑俗な現実感覚が作品のいたる所に示されている。例えば組織の目を盗んで不正蓄財に励んだ高官や、また、生命の危機や暴力に脅かされたユダヤ人に取引を持ちかけ、例外扱いをする代わりに法外な謝礼を要求する行為も指摘された。こうした火事場泥棒的な素行は、「容赦のない厳しさ」というイデオロギーに基づく非人間性よりも、もっと卑劣でありきたりな犯罪者を思い起こさせる。

　むしろ「容赦のない厳しさ」が見せかけに過ぎなかったのではないかという印象すら『エルサレムのアイヒマン』は抱かせる。先に触れた国情に合わせたナチの弱腰の対応があり、アイヒマンらは自国籍の（外国籍ではない）ユダヤ人が東方に移送されることに抵抗したフランスやオランダの民衆に融和的に対応し、デンマークでは現地の様々な抵抗に遭遇してナチ自体が移送をサボタージュしたことも明かされる。イデオロギー的一貫性に基づく「容赦のない厳しさ」で現実を改変するというナチの自負は、多様な現実に直面すると容易に脆《もろ》さを露呈した。

こうした記述を確認すると、以前のアーレントが示した全体主義運動と、『エルサレムのアイヒマン』で示されたそれとには隔たりを感じざるを得ない。

†悪の凡庸さ

こうした記述を重ねた上でアーレントは、最後に「悪の凡庸さ」という表現を用いた。その表現は、第一義的にはアイヒマンのような小役人の官僚的な精勤に向けられたものだが、同時にナチの示した卑俗な現実感覚をも示唆しているように思われる。

アイヒマンの過去を概観すると、国家という巨大な力に埋没して決められた事柄に従う「官僚制」的性向を確認できる。その点で彼は悪魔的ナチではなく、凡庸な存在に過ぎなかった。同時に、先に見たような自己保身に走り、機会を捉えて卑劣な犯罪に励むナチの成員の姿も別の意味で凡庸と言えるだろう。その行いは「容赦のない厳しさ」というイデオロギー性よりも、私たちの日常で起きるありきたりな犯罪に類似する。

また現地の反応に応じて対応を変え、業務をサボタージュするまでに実情に即したナチの組織は、その手になる国家規模の犯罪に気をとられなければ、日常の様々な事業に見られる柔軟な対応と言える。つまりホロコーストに尽力した組織と要員とは「容赦の無い厳しさ」にはほど遠い凡庸なものだった。こうした日常にも見られる現実への対応能力を有した凡俗の集団が、それまでに想像すらされなかった全体主義という巨大な悪を実現させたのである。

こうした描写を踏まえた「悪の凡庸さ」の表現には、どのような感慨が込められているだろうか。まず前提とすべきなのは、凡庸さを強調する表現を用いることでアーレントがアイヒマンやナチの所業を免責したわけではないことである。これまでに確認してきたように、作品は裁判に即しながら彼の関与した巨大な悪の実像を頁を割いて描写し、さらには必要に応じて情報を補足して行状を明らかにした。ナチの多くが一般人と変わらないからといって、加担した悪行の責任を免責して良いとは考えられない。

アーレントはまた、アイヒマンを悪魔的なナチとして描写しなかった。「アイヒマンという人物の厄介なところはまさに、実に多くの人々が彼に似ていたし、しかもその多くの者が倒錯してもいず、サディストでもなく、恐ろしいほどノーマルだったし、今でもノーマルであるということ」だった。「悪の凡庸さ」を検討する困難さがこの言葉に集約されている。

『責任と判断』でアーレントは「悪の凡庸さ」を、あくまでもナチの悪行が悪魔的ではないことを示すために用いたと述べている。彼女は、そうした一般人に似た彼らが悪行を繰り返した状況、すなわち「自分が悪いことをしていると知る、もしくは感じることをほとんど不可能とするような状況の下で、その罪を犯している」ことの問題性に気づいた。その状況では『全体主義の起原』が示したようなイデオロギー的一貫性が遵守されていなくとも、私たちが震撼するような悪行は可能だった。それが『エルサレムのアイヒマン』で示された、それまでの彼女の議論とは異なる認識である。

凡俗の集団が人間を「反応の束」へと追い落とし、あるいは「忘却の穴」のような企みに加担する。たとえ先に見たような道徳感覚の混乱状況が背景にあったとしても、そうした悪を成した事実は看過できない問題だった。

不謹慎な言い方になるが「根源悪」を体現した、あるいは動機を理解できないような悪魔的存在が全体主義を実現させた点を指弾された方が対処の余地があったと言えるかもしれない。そうした存在を明らかな敵とする対処が想定できるからである。「悪の凡庸さ」は厳密に定義された言葉ではないが、こうした新たな難題を意識させるものだった。

4 多様性の毀損

†アイヒマンへの判決

エルサレムの「見世物」法廷には、ナチの被害者たるユダヤ人が初めて加害者を直接に裁けるようになったことを喧伝するイスラエルのナショナリズムが影響していた。その意図からすれば法廷で明らかにされるべきナチの姿は、アイヒマンであろうと彼に指示を与えた上位者であろうと、イデオロギー的怪物の反ユダヤ主義者でなければならなかった。しかし凡庸という表現は、こうした構図を否定している。

この対比を意識して作品を振り返ると、アーレントの態度が一貫していたことを理解できる。彼女はイスラエル政府、検事を務めたギデオン・ハウスナー、そして彼の背後にいたイスラエル首相のベングリオンの政治的意図に対して冷笑的な表現を用いることだけで作品を終わらせなかった。裁判にかけられたアイヒマンに限らず、ニュルンベルクやドイツ、あるいは他の国々で有罪判決を下された者の多くが、悪魔とはほど遠い凡庸な存在であったことを補足的な事実を提示してまで描出したのである。

全体主義の基調たる凡庸さを暴露した裁判は、アイヒマンの主張を容れずに死刑を言い渡した。「告発された罪の遂行を〈幇助《ほうじょ》および教唆〉したことだけを認めるが、決して自分で犯行を行なっていない」という彼の主張は退けられた。「立案者、組織者、それぞれの階級に応ずる実施者」が関与する「複雑な犯罪」では「概ね直接に死の道具を操った人間から離れれば離れるほど責任の程度は増大する」と罪が認定されたのである。

アイヒマンはまた服従という彼の徳が「ナチの指導者に悪用された」とも主張した。自ら人を殺すことを一度も望みはしなかったとして、自身も犠牲者であることを訴えた。その主張もまた、受け入れられはしなかった。判決で示されたのは、一九四一年の「最終的解決」を指示する総統命令以前の行為に関する起訴項目を除外し、他は有罪であるとする判断である。全体として彼は、ユダヤおよび他の民族を絶滅する意図を持って罪を犯したとされ、同時に「人道に対する罪」をもって死刑とされたのである。

†裁判への評価

判決が下された後、控訴が棄却されるとアイヒマンは直ちに処刑された。それに対する二つの反応が『エルサレムのアイヒマン』で取り上げられている。一つは、死刑判決に対する不満である。何百万人もの虐殺に加担した犯罪者に死刑では足りないというのである。もう一つは逆に、処刑への非難だった。処刑は、ドイツの次世代たる青年層が感じている「罪を解消するのに役立つ」ため、なされるべきではなかったとしたのである。

アーレントは後者の非難について、次のような辛辣《しんらつ》なコメントをしている。すなわち「何も悪いことをしていないときに罪を感ずるというのはまことに人を満足させること」だとして、ドイツ青年層が抱いている罪責感の欺瞞性を指摘した。そう感ずるならば青年たちは自身の上の世代に対して怒りを表明すべきだが、そうした態度をとれば経歴に傷がつく。つまり悲嘆するだけで意思を表明しない彼らは「安っぽい感傷性へ逃れようとしている」に過ぎない。こうした感傷に流されることを容認する死刑への非難は、アイヒマンがなした事実から目を背けさせるものだとして一蹴したのである。

アーレントはそのほかにもエルサレムの法廷に寄せられたいくつかの議論について作品の末尾で取り上げた。それをすべて取り上げはしないが、一言で彼女の指摘を述べれば、エルサレムだけでなく、「人道に対する罪」という概念を案出したニュルンベルクの法廷でも、全体主義の前代未聞性を把握しきれなかったということである。

アーレントが指摘したのは、ナチの犯罪が戦時ではなく平時にもなされうることである。合法的に特定の民族を抹殺することを宣言し、国家機構を総動員してその実現を目指した犯罪は、戦時の混乱に紛れて偶発的になされる虐殺と質が異なる。この特異さを指摘する際に思い浮かべられていたのは、おそらく『全体主義の起原』のテロルだろう。イデオロギー的に絶滅されることが予言されたユダヤ人は、犯罪行為が認められずとも狩り立てられた。テロルの本質は、平時においてそうした暴力を振るうことだった。

†人類秩序への挑戦

イデオロギー的な狂信者でなくとも、アイヒマンがそうしたプロセスに関与していたことは法廷で確認された。アーレントはそれを念頭に、彼、およびナチの犯した犯罪が人類の多様性に対する罪だと弾じた。それぞれに固有の文化を有する多様な民族からなる人類から、特定の民族を消し去ろうとした試みは、人間のあり方そのものへの挑戦である。この点においてユダヤ人になされたその犯罪は、過去の大量虐殺と同じように受け取られるべきものではない。

こうした主張をアーレントはまた、自身の刑法理解を示して論じた。犯罪がなされた場合に裁きが求められるのは、被害者が報復を求めるからだけではない。その犯罪がなされた共同体の秩序がその回復のために裁きを求めるからである。

この観点からすればエルサレムの裁判が、ユダヤ人への危害をユダヤ人が裁くという報復的構図を構成したことは誤解を招くものだった。全体主義の前代未聞の犯罪が、以前になされたユダヤ人虐殺と同種のものとして扱われる誤解を招いたからである。

侵された秩序が裁判によって回復されるべきなら、裁判は共同体の司法の実現たるべきだろう。そしてアイヒマンの犯罪は、限られた文化圏の秩序に対する挑戦ではなかった。一つの国家による人類秩序への、すなわち様々な文化圏からなる多様性を示す人類全体の秩序への挑戦だった。そのため秩序回復は国際法廷ではたされるべきだった。

下された判決に寄せられた死刑では足りないという先の批判は、報復的構図からすれば当然とも言える。死者の数一つをあげてもまったく釣り合いがとれていない。しかし本作品で指摘されたのは、そうした報復とは異なる位相での司法の役割である。求められたのは、一つの民族を完全に抹殺しようとした犯罪からの人類秩序の回復である。

†凡庸さのもたらすもの

思い起こして欲しいのは全体主義が、人間が人間として生きるために必要な「条件」を「余計なもの」として排除したことである。そうして削ぎ落とされた「余計なもの」の中に人類全体の多様性を構成する一要素たるユダヤの文化だけでなく、自発的に行動する人間性そのものが含まれていた。ニュルンベルクでもエルサレムでもそれへの視点が欠けていた。したがって回復されるべき秩序のイメージには、そうしてそぎ落とされた「余計なもの」の回復が含まれるだろう。ニュルンベルク以降に用いられる「人道に対する罪」の「人道」の語に、アーレントはそうした含みを持たせようとしたのである。

こうしたアイヒマン裁判からの報告は、全体主義から回復されるべき秩序のイメージと、それを可能にするのに不可欠な要素が何であるかについての想像を促す。「複数性」の実現された他者とともにある世界という、これまでにアーレントが自身の思想を扱う作品で示してきたイメージは、その手がかりを与えるだろう。少なくとも全体主義克服に不可欠な要素に、アイヒマンや他の関係者に見られた世界疎外の克服が含まれるためである。

イデオロギーとテロルを基に、人間を歯車のように組織化したナチの官僚は、自身が侵された世界疎外的傾向を自覚していなかった。むしろそれを自己欺瞞に紛れ込ませて、現実に目を向けることを避け続けた。あらかじめ決定されているというイデオロギーの宣言に従ってユダヤ人絶滅のために組織を動員したにも関わらず、その罪が問われた際に誰もが決定に従ったのみだと嘯《うそぶ》いた。アーレントがアイヒマンに辛辣だった一つの理由は、こうした決まりごとに安易に従うことで、自身のなした事柄に一向に目を向けようとしない、加担の事実から目を背け続けた凡庸で欺瞞的なあり方に求められる。

†アイヒマンと世界疎外

自己欺瞞を伴う凡庸さを露呈した悪は、実践に励んだ者の現実感覚の欠落を浮き彫りにした。指令に盲従し、出世を求め、いかなる業務にも励んだ彼らは、組織に守られ、婉曲話法に浸り、自身の業務の結果から目を背けた。それが環境要因だけでは説明不能なことは、彼らが現実と直面するべき法廷でも過去を認めなかった点に示されている。ドイツの道徳的混乱の議論が示したように、そこでは甚だ都合の良い現実解釈が蔓延していた。

「世界疎外は近代の品質証明である」と『人間の条件』は言う。その指摘を納得させる自己欺瞞の数々が『エルサレムのアイヒマン』では示された。そして処刑目前のアイヒマンは、その最後の例を体現した。自身の死に直面してもなお定型句を述べ、言葉の醸し出す雰囲気に酔ったまま処刑されたのである。

「実存主義とは何か」のハイデガー論で、人間を本来の姿へと呼び戻し世界と向き合うことを可能にするとされた死ですら彼には響かなかった。こうした異様とも言える世界疎外について、アーレントは以降も考えていく。そして、その原因の一つと見なした思考の欠落に関心を絞って議論を展開することになる。その内容は次章で扱う『精神の生活』で確認されるだろう。

第七章 『精神の生活』――他者とともに生きる

1 「真理と政治」と『思考』

†証言者の役割

全体主義体制から生き残った者は、抵抗が困難だった事実を伝えた。周囲から見捨てられただけでなく抵抗者は苛烈な暴力にさらされたのである。ただし、その環境下で誰もが全体主義に加担した訳ではなかった。証言者の存在がそれを証明している。

彼らを端的に表現すれば全体主義が切り捨てた「余計なもの」だった。イデオロギーの論理的一貫性からすれば、それに従いもせず生き残って証言する者は予見不可能な因子である。歴史の必然を実現するテロルに加担も屈しもせず、体制が実現した「忘却の穴」の不備を衝くように生き残った彼らは、ナチに加担した凡庸な者とは異なる存在だった。

こうした証言者の重要性をアーレントは、「真理と政治」という『エルサレムのアイヒマン』以降のエッセイで扱っている。「「存在するものを語ること」を進んで行う人々がいなければ、人間世界といえども存続できない」」と論じた。

アーレントはまた、全体主義だけでなく政治権力が不都合な事実を歪曲することを取り上げた。政治における事実の重要性を示すためである。事実が失われれば政治を構成する諸要素、約束や信頼、権力は存在しえない。事実は「政治の領域の組成を構成する当のもの」であり、権力者は逆に、都合の悪い約束を破り事実を隠蔽する。それは、忘却を強制する支配者に振り回される不安定な世界の出現へと繋がるだろう。

証言者の貢献は、そうした不安定性に対抗する点にある。事実が語られることで過去と現在との継続は確証される。権力の恣意に左右されない、独立した世界が再提示されることになる。全体主義における証言者の重要性は、社会のほとんどが大勢に流されていく状況で、それに巻き込まれることなく生き残り、事実を保全することにある。彼らがいなければ破壊されてしまう事実を伝えることで、全体主義の目論見は打ち砕かれる。

証言者はしかし、どうやってその選択を可能にしたのだろうか。事件の場に立ち会うことはもちろん不可欠の要件だが、全体主義のように嘘の網が社会を覆いつくす状況では、そもそも見聞した事実の保持自体が困難である。誰もがその犯罪に加担した場合、事実は隠蔽され失われてしまうだろう。

†思考の要諦

「政治と真理」では、「政治の領域の外側に立つ」ことでそれが可能になるとされた。例として、実地調査をした報告者の独立性や、歴史家の公正さが挙げられている。党派に縛られることなく自身の証言に誠実であろうとする態度は、自ずと孤立を促すのである。

もちろん証言者は、そうした職業的訓練を受けた者だけではない。実際、アイヒマンの法廷で証言した多くは一般人だった。しかも、当時の一般人のほとんどはアイヒマン同様、大勢に流されていた。その状況でも流されずに証言者となった一部の存在に注目すべきである。なぜ彼らは証言者たり得たのだろうか。

没後に編集された『責任と判断』でアーレントは次のように述べている。全体主義に加担してもなお、その自分とともに生きていけるのかと自問した人間は、大勢に流されずに社会から身を引くことができた。言い換えればそれは、嘘や犯罪に加担した自分自身と以後も付き合っていけるかという自問である。付き合っていけないと判断した者はもちろん、行為に進む前に立ち止まり問いかけた者にも、人間を分かつ区分を見た。

アーレントはその能力を「思考」（thinking）と呼ぶ。犯罪に加担した自身と共に生きていけないと「思考」した者は、公的な職務から身を引き、生き残って証言することになった。喪失の危機にさらされた事実はそうして現代に伝えられたのである。

『精神の生活』は、『思考』と『意思』から成る二巻の著作であり、それぞれがヨーロッパの思想史を意識して論ぜられている。後に触れる『意思』は、思想史的な手法が顕著である一方、『思考』は、アーレントの見解がより直接的に示されている。「意思」(willing)がヨーロッパの思想史で取り上げられてこなかったため、その認識を跡づけるのに思想史的な記述が求められたことを象徴している。

「思考」は、先に見たような自問のプロセスであり、いわば「一者の中の二者の対話」である。こうした「思考」の経験に関する議論はソクラテス以来の哲学の伝統を用いて、その機能と作用についてより直接的に考察された。

†一者の中の二者

「思考」の特徴は主に次の二点である。一つが「一者の中の二者」による対話という再帰的な検討構造、もう一つがその構造において意味を取り扱う能力だということである。

アーレントが「思考」に関心を向けるようになったのはアイヒマン裁判がきっかけであるが、それが大勢に流されることを妨げる自問を可能にするからだった。そうした自問は自分自身との対話という「思考」において経験される。「思考」は自己と自身との対話を重ねるプロセスであり、その対話の構造が、犯罪に加担したもう一人の自分というイメージを実感させる。

「思考」において自らに開示されるもう一人の自分の姿に関連して思い出されるのは、「活動」が自身の人格を他者の目に開示するという『人間の条件』の議論である。人は自身を他者の目にさらすことでその姿を継続的に現す。もう一人の自分という別の目に自身の姿を現す対話構造の雛形である。別の視線にさらされることで、過去から現在、未来へと繋がる一貫した同一《アイデンティティ》性を明確に保つ自己の姿は、アーレントが扱った活動的生活と精神の生活との双方で経験されるものだった。

『思考』の論じた対話構造が示すのはそれだけではない。「一者の中の二者」の対話の継続がもう一人の自分との連続、あるいは同一の感覚を提供することも伝えている。書籍のタイトルである「精神の生活」の経験を表している。

「活動」の暴露する人格と「思考」の提供する自己同一性の感覚との違いは、前者が複数の他者に把握される点で客観性を帯びるのに対して後者の精神内で経験される自身の姿は客観性に欠けることである。他方で、精神内で継続的に交わされる自己と自身との対話は、過去の自身と現在の自己との連続性、すなわち自己同一性の感覚をもたらす。継続された対話的「思考」が、その延長にある未来を意識させ、あるいはそれ以前の過去との連続を感得させる。エッセイ集『過去と未来の間』が示したように「思考」は、過去、現在、未来にまたがり成立しているのである。

過去と未来の間

アーレントは「思考」のそうした時間性を、過去と未来との双方から逆方向に向けられた意識のベクトルの中間点に位置する現在として描写した（上図）。すなわち「思考」という自己内対話は直近の未来の自己への問いかけと、直近の過去の自身からの問いかけへの回答によって成立している。換言すれば、過去から未来に向けた意識と、未来から過去に向かう意識とが交差する現在に対話、すなわち「思考」が成立する。『過去と未来の間』という表題は、「思考」のこの再帰的意識構造が形成する現在という瞬間の成立と、対話の継続の並存という特殊な時間性を表現している。

「思考」の対話構造に由来する時間の感覚は、過去の行いを忘却し、不都合な事実を否認して切り離すような別の時間軸を許容できない。精神内の対話は常に継続し、過去と未来との連続を示すためである。

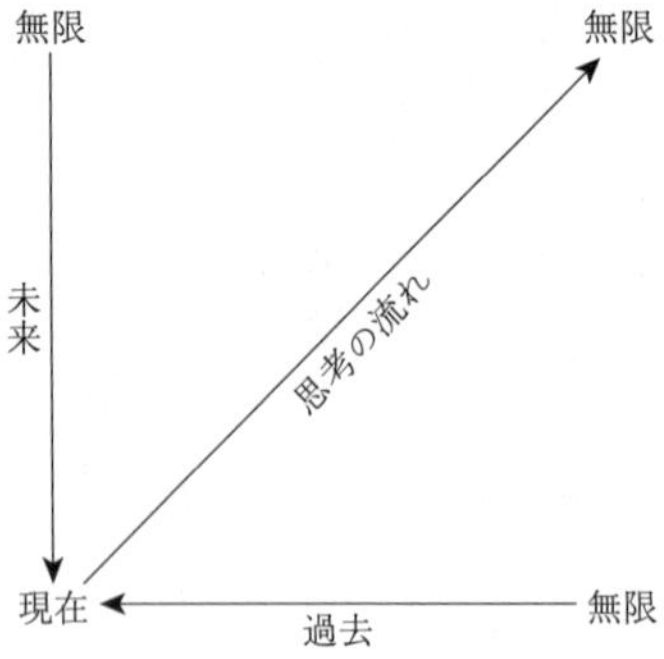

思考概念図（アーレント『精神の生活』佐藤和夫訳、1994年、岩波書店より）

「思考」した者たちが全体主義への加担を回避したという先の指摘は、この自己同一性の感覚からも説明される。犯罪に加担した過去は確かに自身のものとして実感される。言い換えれば、決められた事柄を無自覚に繰り返すような凡庸な者は、大勢に流されようとした場面で「思考」していなかった。彼らはもう一人の自分、および過去と未来とが出会う現在に生きておらず、過去との連続を実感することも無かった。

2 意味の探求

†思考と言語

自己同一性の感覚を提供する「思考」は、自己内対話によって再帰的構造を生み出している。その対話はそして、次のように意味を求めるものだった。「思考と意味の担い手である言葉とは相互に似ており、思考する存在者は話そうという衝動をもち、話す存在者は考えようとする衝動をもつ」（強調引用者）。その「思考」が司る「言論とは、常に「有意味な音」」である。『思考』では、言論の意味了解作用を扱うにあたり、関連する精神作用を二つ取り上げている。第一に、真理を把握する機能としての「知性」（Verstand/intellect）、第二に、意味を探求する機能としての「理性」(Vernunft/reason)である。カントの議論から援用されたこの二つの能力は次のように位置づけられている。「知性」を「知覚を了解する」作用、「理性」を「概念的に捉える」作用としたことがそれである。その上で「思考」は、後者の「理性」に対応する能力に重ねて理解されていた。

ここで示された「理性/思考」には、従来の哲学が期待してきた真理を導出する働きは求められていないことをあらかじめ断っておこう。その働きはもう一つの「知性」に割り当てられている。「伝統と近代」という小品でアーレントは、「真理が思考の最後に出てくる結果だと信ずるのは大きな誤り」と述べた。

この「誤り」の指摘は、合理的推論のモデルにしたがって「理性」を解釈する私たちの傾向を揶揄《やゆ》している。典型的なのは一七世紀イギリス哲学で、トマス・ホッブズなどは「理性」(reasoning)を正しい定義と文法に則って解答を導き出す論理的計算能力とした。つまり「理性」は、論理と言語を用いて真理を導き出す能力だった。「理性」の示す結論は、数学の解答同様、誰が求めても同一である。逆に結論が異なる場合、語の定義か、あるいは推論の経緯に誤謬《ごびゅう》が認められるはずだと主張されていた。

†真理と意味

アーレントは「思考」にこうした役割を期待していない。「伝統と近代」が示唆したように「真理は常に思考の「始まり」」に位置するためである。「思考」の扱う意味は、知性に真理が与えられたその先で検討されることになる。

「知性」との関連を主張された真理は、『思考』において、カントの言葉を用いてア・プリオリとされた。煩雑な議論は避けるが、つまり人間は論理的推論を重ねずとも事柄の真偽をあらかじめ了解しており、それを直観的に把握できる。それは先の合理的推論のモデルよりも古い真理観に近く、例えば政治哲学の伝統の起点たるプラトンに見ることができる。真理は直観によって把握され、あるいは真・善・美は一体である。人間の精神にはそれが認識できるよう、蜜蠟《みつろう》のように、あらかじめ刻印されている。

「伝統と近代」からの引用に従うなら「思考」は、そうした真理を扱う直観を起点にしている。その「知性」にもたらされた対象の意味を検討することが「思考」の役割である。「思考」のもたらす意味はこれから明らかになるが、こうして真理から区分されるべきものであることは確認できただろう。つまり『思考』の議論で真理は脇役にすぎない。『思考』での真理への言及は、意味を扱う「一者の中の二者」の対話の描写に必要な範囲に限定され、それ以上に論及されてはいない。

†言語と共通感覚

「思考」が扱う意味を真理から区分したので、次にその検討に入ろう。そのためには「有意味な音たる言論」を構成する言語について確認せねばならない。あらかじめ指摘すれば、その概略を確認するだけでも次のように入り組んだものとなる。一、言語と共通感覚との関係性、二、共通感覚の対象が抽象概念に及ぶこと、三、「思考」がそれらを「類比」的に検討していることがこれから示される。それを経て合理的推論と「思考」との違いや、真理と区分される意味についての了解が得られるためである。

まず一について確認していこう。『思考』によれば「言語は共通感覚に対応し、それにしたがって対象に共通の名前をつける。この共通性は主体相互のコミュニケーションに決定的な要因——同じ対象が別の人に見られながらも共通である——であるだけでなく、五官の各々に全く別に現れる事象を確定するのにも役立つ」ものである。

この引用は言語と共通感覚とに関する次の三点を示している。第一に言語が、人間の「共通感覚」(common sense) の対象に付与された名称であること。第二に、そうした名付けが対象の存在を把握する「共通感覚」を補助すること。第三に、「主体相互のコミュニケーション」が名付けによって可能となることである。

いくつかなじみの薄い用語が出てきているが、確認しながら議論を進めたい。まずは、言語と「共通感覚」との関係である。

「共通感覚」とは、端的に述べれば外的刺激を司る五つの感官が連動して作用することでもたらされる効果である。例えば目の前に未知の果物があるとき、私たちはそれが幻ではなく実在することを了解している。その了解は通常、視覚、嗅覚、触覚、味覚等へバラバラに与えられた刺激が連動することで得られている。つまり果物の姿を視覚が見定め、嗅覚が香りを嗅ぎ、対象に触れることで触覚に刺激が伝わり、味覚によって果物であることが確認される。

こうした連動に「共通感覚」とわざわざ名づけるほどの重要性があることは、流行のバーチャル・リアリティ技術を思い起こせば理解できる。それは視覚、触覚、聴覚等の五つの感官を連動して刺激することで「共通感覚」に働きかける技術だからである。仮にそれがお粗末で視覚と触覚への刺激が連動せねば「共通感覚」は喚起されず、実在《リアリティ》を感じない。

†コミュニケーションと言語

アーレントは、この「共通感覚」を言語に関連づけた。私たちは、そうして実在を確認できる対象に名前を与えているというのである。こうした名称の付与は、その作業自体が対象の実在に関する了解を促すものとなる。つまり、目の前にある果物が「リンゴ」と名づけられると、その実在を容易に了解できるようになる。これが先の引用に見られた第二の点、言語による「共通感覚」の補助機能である。「リンゴ」という名称が正体不明の果物に付与されると、目の前にあった果実のことを容易に他者へと伝達できるようになる。果物のかたちや匂いをいちいち説明せずに済む。そうして目の前にある「リンゴ」という名称をもつ果物が、「共通感覚」の乱れや幻覚ではないことを互いに確認し、双方の間に位置する客観的実在であることが了解される。

実在の確認された「リンゴ」はまた、第三の指摘にあるようにそれに関するコミュニケーションを促進させる。「リンゴ」という名称を持つ果物が、それに関する好み等に関するやりとりを活性化させることになる。つまり「リンゴ」という名称を介して実在が相互確認されたそれは、「私たちを分かつと同時に繋げる」「介在物」の役割を担うのである。

†介在物と構想力

「共通感覚」の対象に付与された名称という特徴を言語に確認すると、次に問題なのは、そうした言語を用いて「思考」が意味をどのように発見するのかだろう。しかし、この点を論ずることはまだできない。なぜなら、「介在物」を経たコミュニケーション、あるいは「介在物」自体に関する相互確証プロセスをより広く理解せねばならないためである。換言すれば「思考」の扱う言語は「リンゴ」のような物体だけでなく、先の二で触れたように抽象的な対象にも付与される。そのため、それが可能になるプロセスを確認せねばならない。

例えば、音楽のような、音の高低や強弱の連続を考えてみよう。私たちはそれらにも「介在物」の機能を認めており、好きな楽曲をめぐって会話をしている。

聴覚に与えられた刺激を一つの曲として、あるいは幾つかのメロディの連続として了解するには、「リンゴ」を実在とする「共通感覚」の作用だけでは説明できない。音楽を対象化するための精神の操作があらかじめ求められる。バラバラに耳に届く音をまとまったメロディとして把握したり、連続した音を適度に区切って把握したりして、名称付与を可能にする加工が必要である。それを可能にする力が私たちには備わっている。

アーレントは、単なる刺激に過ぎないものに加工を施すことでひとまとまりの対象に仕上げる能力を「構想力」(imagination) と呼んだ。それは『カント政治哲学講義』によれば、「「抽象的」でイメージを欠いた思想に対して、現象の世界からとってきた直観を提供する」能力である。また、そうして「構想力」が目に見えない対象に与えたものを彼女はカントの議論を援用して「図式」(schema) と呼んだ。「図式」とは「外部から不可視である限りは思考に属しており、形象に似ているものである限りにおいては感性に属している」特殊なイメージである。つまりそれは視覚を伴わない抽象的な対象に与えられる一種の形象である。

音楽の例で示すなら、ベートーヴェンの有名な交響曲の出だしは演奏された一つひとつの音を「構想力」がメロディとして処理することで把握可能になる。そうして把握された後、それは「図式」化され名づけの対象として扱われる。例えば、「図式」化された音のまとまりに「運命が扉を叩く音」といった特徴的な名称が与えられると、そのメロディは実在として、コミュニケーションの経路に乗せられていくだろう。交響曲の出だしはこうして「共通感覚」の対象となり、人々が相互の交流を促す「介在物」としての役割を担うようになる。一音一音をバラバラにではなく、「図式」として処理する「構想力」は、抽象的で形のない対象を実在として了解させる術を提供する。

†図式と類比

「構想力」の作用と「図式」の存在をアーレントの議論に確認することで「思考」が言語をどのように扱うのかを理解できるようになる。端的に表現すれば、意味を扱う「思考」のプロセスは、抽象的な精神内部の経験に与えられた「図式」の適用過程である。

先に指摘したように「思考」は、有意味な音である言論を再帰的に検討する。そのプロセスは、特定の論理規則に縛られることのない自己内対話を基調とするものだった。そのため「思考」は、対象となる言語を様々な角度から扱い、ときには飛躍を含めて検討する。

こうしたプロセスの特徴は先の音楽の例にも表れている。すなわち「構想力」は対象を加工して「図式」を提供し、さらに名称の付与を経て「共通感覚」の対象として抽象的なものを扱うことを可能にしている。ただし、交響曲の出だしを「運命が扉を叩く音」とすることの論理的関連性や根拠が提示できないように、その扱いは飛躍を含んでいる。

こうした専門用語の羅列がわかり難ければ、『思考』がこの図式の適用過程を「類比」(analogy)と呼んだことを指摘しておこう。三で指摘したその論点を、アーレントは、目に見えない対象に「図式」を与える人間の「構想力」の働きに見出し、ものごとを喩えて理解しようとする「類比」の作用に重ねた。例えばギリシア古典の『イーリアス』において、詩人が「恐れや悲しみが人間の魂を引き裂くように激しく襲ってくることを、海上でいくつかの方向から風が一緒になって急襲するのになぞらえている」ように、「思考」は「類比」を用いて意味を了解すると論じた。

恐れや悲しみというそれ自体は抽象的で形を持たない経験に、襲いかかる風という喩えを重ねることで、両者は結びつけられ「図式」的に了解される。『イーリアス』が表現した感情は嵐の海上の風であって、静かに降り積もる雪でも、あるいは流れゆく川でもない。こうした重ねられる情景の違いを意識すれば、「類比」が抽象的な「思考」対象の意味を明らかにすることを理解できるだろう。「類比」が重ねる全く異質な要素は、論理的な関連を超えて形のない経験の内実を、図式を通して把握させるのである。

†物語と意味了解

「構想力」を介して目に見えない対象を「類比」的に了解する能力は、詩的な能力とも呼ばれた。その詩的な作用は、『思考』以前の作品でも論及されている。一つは前章で扱われた証言であり、もう一つは第四章で触れた自らの経験を「物語」ることである。

そのどちらにも共通するのが、語ることの重要性だろう。アーレントは語ることの前提に再帰的検討を見出していた。つまり人は最適な「類比」を見つけるために、何があったのか、検討対象がいかなる意味を持つのか、また自身の経験がどのようなものだったのかを「一者の中の二者」で繰り返し検討し、「物語」ることで了解する。第四章でも見たが、ディネセンを援用して次のように表現した。「どんな悲しみでも、それを物語に変えるか、それについて物語れば、耐えられる」。

この言葉は、「活動」の軌跡たる「物語」が、自身の思い描いたものから外れても意味の了解を可能にすることを示している。「構想力」を用いて「類比」を経た経験の「物語は、それ以外の把握では単なる出来事の耐え難い連続にすぎないものの意味をあらわにする」。「類比」という詩的なプロセスを経て、私たちは自身の過去を受容するのである。

†物語に込められた経験

こうして「物語」ることを「思考」の作用とみなせば、それに他者の経験の追体験を期待できる。「類比」を用いて他者の「物語」の意味を精神にもたらし、「話の中に含まれている精神の産物を現実のものとする」からである。ただし、そのプロセスが、全員に同一の意味了解をもたらすとは言えない。論理規則や定義に縛られた計算問題のように同じ回答を示す推論と「思考」とは異なるためである。

唯一解をもたらさない「思考」でもアーレントには重要だった。なぜなら、「構想力」の与えた「図式」に名称を付与し、「類比」を用いて検討するという基本的な人間の精神的能力に基づいたそのプロセスは、様々な対象をコミュニケーションの経路に乗せ、目に見えない経験ですら実在する現象として「共通感覚」の対象にするためである。換言すれば他者の経験という形のない対象を精神にもたらす能力は、「物語」化されたそれがかつて実在したこと、さらにはその経験をした他者が確かに実在することを私たちに了解させる。

「思考」のプロセスへの理解がこの段階に達すれば、なんらかの経験をした他者が、共通感覚の乱れや妄想ではなく実在していることを、私たちが精神の生活で実感していると理解できる。それもまた「共通感覚」の対象として処理されるからである。換言すれば、目に見えないものにまで適用範囲を広げた言語を介して私たちは、「思考」対象を拡大させる。その結果、「思考」を経たコミュニケーションは、手に触れることができなくとも実在している他者の経験の追体験を可能にし、その意味を理解させる。

世界には「リンゴ」のように手に触れられるものだけでなく、音楽、あるいは海上の風のごとく急襲する「悲しみ」、また、それに彩られた他者の「物語」が実在する。「思考」は、そうした「不可視なものを「現象」へと移すことのできる道具」である。第六章でアイヒマンに欠けているとされたのはこれだった。「自身の身に置き換えて」「思考」することを可能にする「他者」が彼には不在であり、そうした能力を活用できなかった。「人間の複数性の条件を現実化する」ような「思考」が機能しなかったのである。

3 『意思』が貫くもの

†意思の系譜

アーレントは『思考』と対をなしている『意思』の執筆後に命を落とした。その原稿を元に出版されたのが『意思』である。先にも触れたがそれは、哲学者がいかに「意思」を扱ってきたのかを確認する思想史的色彩の強い作品だった。「意思」が発見された人間的能力であること、また、多くの哲学者がその存在を疑ったことがそれを促した。

アーレントによれば私たちが用いる多くの概念は、そのルーツとも言える経験を反映したものである。例えば、哲学でも取り上げられる自由は、政治の経験を経て確認され、その後、政治とは関わりの薄い内面の自由へと発展していった。「意思」も同じ特徴を有している。

こうした基本的な立場からアーレントは、哲学者の「意思」に関する二つの態度を区分した。第一は、「意思」の経験を概念化したパウロ、アウグスティヌス、スコトゥスの系譜、第二は、「意思」の存在、あるいはその機能を否定的に扱うアリストテレス、ヘーゲル、ニーチェ、ハイデガーの系譜である。本書の立場で興味を抱かせるのは「意思」を認める第一の系譜である。なぜならそこに「活動」と「意思」との関連を示す議論の存在が予想されるからである。

晩年のアーレント

†意思の葛藤する構造

「意思」を認める系譜に関する議論を整理すると、およそ三つの論点が見出せる。すなわち、まず「意思」の構造、次に「意思」

と行為との関係、最後に「意思」から「愛」(love) への移行がそれである。「意思」の構造を論ずるために取り上げられたパウロの議論では「私だけに関わることは私の権能に属することであろうか」という問いが扱われた。言い換えれば、「私は意思するけれどもできない」という経験に関する問題が検討されたのである。

宗教家であるパウロの言は、自分自身にだけ関係する事柄でも、成すことができないような状況への問いである。人間は神が求めるように善くあろうと「意思」しても、実際には善くあることができない。その経験を「意思」が「意思」に反する状態として論じられた。

まず「意思」が命令を下し行動を促す精神の機能であることが示された。その次に示されたのが「〜せよ」という命令が精神内で意識される状況の特異性である。行動を促す命令に反するもう一つの作用があることで私たちは、そうした命令の存在に気づく。換言すれば、命令に反するもう一つの「意思」がなければ私たちは、命令の存在すら気づかぬままに行為するだろう。例えば、リンゴを手に取るのにいちいち「腕を伸ばせ」「リンゴを取り上げろ」という命令を意識することはない。命令が意識される時点でその実行に支障があること、「意思」に反する何かがあることを示しているのである。

パウロの問いはこの状況を想定しており、私たちが善くあろうと「意思」しても、それに反する別の「意思」によって宙づりにされる。『意思』はそれを「意思が自らを妨害しないところでは、意思はまだ存在していない」と表現した。つまり、精神において経験される「意思」が葛藤を含むこと、そして実際には「〜せよ」という命令を実践に移せない無力な状態においてこそ、存在が確認されることを指摘したのである。

†意思の独立性と自発性

「意思」の葛藤は、先の「思考」が「一者の中の二者」を形成していたことを思い出させる。精神内部で「意思」が意識されるのは「〜せよ」という命令と、それに反するもう一つの「反意思」とでも呼ぶべきものが現れて対立構造を形成する場合だからである。もちろん「思考」が対話的な協調モデルであるのに対し、「意思」は違う。それでも両者に共通性を感じるのは、協調、葛藤を問わず精神内部に二者が生じ、認識可能になるためだろう。言い換えれば『精神の生活』は、そうした再帰的構造を二つの精神能力に見出し、そうした構造によって認識可能になった精神内部での経験を記述し、論じたのである。

こうした「反意思」によって「意思」が確認されるという指摘は、「意思」の独立性をも示す。なぜなら「意思」と「反意思」との葛藤が表面化するということは、「意思」が「反意思」以外の反対者を持たないことを意味しているからである。仮に「意思」の葛藤を「思考」や判断のような他の能力が解消できるのなら、そもそも「意思」は認識されない。つまり「意思」

は、人間に影響を与える他の要素、例えば「労働」を促す自然的欲求や、「制作」を促す目的性などを超越した特異な能力である。その意味で「意思は自然を超える」。

内的衝動のような自然の要求をも超越する独立性を「意思」に認めたアーレントは、そうした「意思」がどこから生ずるのかという疑問を退けた。それは屋上屋を重ねて無限後退に陥る回答不能なものだからである。「意思がこうした意味におけるいかなる原因をも持たないということは、意思に固有のことではないだろうか。（略）意思は偶然的であるという端的な事実性にある、因果性からは説明され得ない一つの事実である」。

引用に示されているように「意思」は自発性の顕現であり、私たちが精神において実際に経験しているものである。それは精神に顕現している場合に無力さを伴うが、葛藤を生じさせる程度には独立し確認可能な現象である。つまり、自発的に生じ、他からの影響を排した独立性を示すことは精神の生活で経験されているが、その根拠を問うことは経験からは示され得ない。

†意思から行為へ

独立し、自発的な「意思」の経験を受け入れるなら、葛藤として精神内部に登場した「意思」がいかに解消されるかが次の問題となる。それとも、ひとたび「意思」が顕現してしまったら、それを抱え続けなければならないのだろうか。こうした疑問に答えるように「意思」を認める系譜に連なるアウグスティヌスの検討がなされた。導かれたのは「意思の救済は精神的なものでも、あるいは神的な介入でもあり得ない。救済は「意思」と「反意思」との葛藤を遮る行為から生ずる」（強調引用者）という理解だった。

他の精神的要素を阻む「意思」の独立性のため、葛藤の解消には行為への移行が求められることを、引用部は示している。「意思」の葛藤を起点にした行為の存在があるということだ。「意思は、事実上、「行動の源泉」として理解されうる」のであり、「行動が生じうる地盤を準備する」のである。

葛藤から行為へという構図を日常的な表現に置き換えれば、「案ずるより産むが易し」となる。行動に至る前の葛藤が、実際の行動によって解消されるという日常の経験である。「意思」の葛藤が行為に移行することで解消されるというアーレントの議論にも、説得力を感じられる喩えではないか。

†行為の無目的性

葛藤の解消と行為への移行という構図を受け入れると、次に、「意思」の葛藤はいかなる種類の行為によって解消されるのかが問われるだろう。先の「案ずるより産むが易し」では、行動の成果が満足のいくものであろうことが暗示されているが、行為が必ず満足のいく成果を伴うわけではない。そうした成果が伴わなければ、葛藤は解消されないのだろうか。また、そうした成功に導くような目的を、その行為は必要とするのだろうか。

こうした疑問に答えるなら、葛藤を解消する行為の内容は不問となるだろう。葛藤の解消に着目すれば、行為への移行こそが重要であって内容はどうでもよいからである。行為の無目的性はまた、「意思」の独立性からも説明できる。その特徴ゆえに、いかなる指針も「意思」に影響を与えることはできず、行為への移行時にそれを縛る規範の介入を想定できない。先に見たように「意思は自然を超える」からである。

葛藤から行為へという構図では、このように目的や規範、あるいは欲求の介入余地がない。葛藤解消のため、倫理に反する行為に及ぶ危険性を伴うことをそれは意味している。だとすれば、こうした無軌道な行為への対処が次なる問題として浮上するだろう。

「意思」から発せられた行為の無目的性を確認すると、あらためて第四、五章で確認した「活動」の概念が思い起こされる。それは「意思する」と「可能である」との一致によって生ずるフリーダムを可能にする行為類型であり、帰結が予見不可能なものでもあった。そして「意思」からの行為をこの「活動」に重ねて理解できるなら、行為の無軌道性に一定の制約がかかることも了解できるだろう。すでに確認したように「活動」は、多くの他者からの評価という制約を持つからである。他者の眼前での「活動」は、行為者の人格と「原理」とを暴露し、複数の視点から客観的に評価される。行為者自身の「意思」や、その帰結をコントロールできない「人間事象の二重の暗闇」を理由にした無目的性を有するとしても、他者からの行為と人格への批判によって修正される可能性がある。こうして極端に無軌道な行為へ向かう危険性を減ずることができる。

†意思から愛へ

「意思」からの行動を「活動」に重ねて理解可能であるとすれば、残る検討課題は葛藤の解消のために選択された行為の継続理由である。葛藤の回避のために「活動」が開始されれば、その葛藤が解消された時点で行為を要請した理由はなくなる。しかし、「活動」の実際を描写した『革命について』は「活動」が継続し、「自由」を顕現させるとしていた。「意思」の葛藤の解消としてとられた行為がどうして、そのように継続されるのだろうか。

『意思』は行為を継続させる精神的要素を「愛」に見ている。アーレントによれば葛藤の解消の後「意思」は「愛」へと転化する。そうした役割を担う「愛」(love)には、以下の二つの特徴が認められていた。第一に、強力な「結合力」、第二に、「愛」に固有のものとされる「持続力」である。「愛」は対象を保持し続ける能力である。

本書を通読してきた読者は、こうした「愛」に、彼女の処女作との関連を期待するだろう。

確かにそれは『アウグスティヌスの愛の概念』と無関係ではない。ただし『意思』においては、処女作を特徴づけた隣人愛ではなく「結合力」としての「愛」に関心が集約されている。対象を保持しようとする「愛」は「欲求としての愛」という処女作の理解にも重なるものだった。「愛」に確認されたその特徴は、「持続性」の議論に顕著である。人間は先にも見たように、音の連続をメロディとして把握するが、この把握の背後には「結合力」としての「愛」が存在しているとアーレントは言う。つまり「共通感覚」の対象としてメロディを把握するには、音の連続を「持続」して把握し「結合」せねばならない。その上で『思考』の議論で見た「構想力」や「図式」が介入可能になる。音をメロディとして精神内に留め、束ねる基本的な能力について、『アウグスティヌスの愛の概念』でも描写された、対象を自身の下に留めおくことを望む「持続性」を伴う「愛」としたのである。

「愛」が「持続性」を伴って対象の把握を可能にする能力だとすれば、「意思」から「活動」への移行の構図は次のように説明される。すなわち、行為への移行によって葛藤する「意思」が消滅した後、より強い「結合力」を有した「愛」によって「活動」は保持される。「愛」の提供する「結合力」は、対象とともにやすらう、あるいは対象とともにありつづける「持続力」をもたらすため、開始された「活動」のプロセスは維持され続けるだろう。

「活動」が「愛」の対象となる理由は、本書の第五章に示されている。すなわち、「活動」がひとたび開始されると様々な関係性や「過程」が形成される。「関係の網の目」の中での人格暴露が伴うのである。行為者はそれを「愛」し、そのプロセス自体を「公的幸福」として享受するだろう。仮にその過程で不本意なことが生じても、「活動」の構造上それからは逃れられない。それでも過去を振り返り、自身が「何者」であったのかを問い、「思考」することで、過去から逃げることなく「愛」し続けることができる。これが「意思」から「愛」への移行によって持続される行為の構図である。

†「始まり」という宿命

すでに何度か指摘したが、アーレントは人間を「創始」(initiative) が可能な存在であるとした。「人間が創られた時、それは「始まり」であり、その前には誰もいなかった」というアウグスティヌスの言葉を拠り所として、「「始まり」としての活動は誕生という事実に対応し、出生という人間の条件の現実化」を担うとしたのである。

一方で「意思」の自発性への問いを無限後退として退けたアーレントは、他方で「始まり」を説くアウグスティヌスの主張をことあるごとに指摘した。「始まり」の重要性を示唆するとともに、原因に関する議論に区切りをつけて、より重要な問題に関心を寄せるためだった。「出生」が「始まり」を可能にするならば「意思」や「活動」の自発性は「人間である以上、逃れることができない」だろう。だとすれば、経験される「始まり」と向き合うことは避けられず、それを検討することは避けられない。

こうしたアーレントの選択は、人間の自発性を否定する『意思』のもう一つの系譜への批判にも看取される。例えばハイデガーへの論及はそれを顕著に示している。彼の議論は人間の自発性の経験を否定し、「意思」の能力を「意思しない意思」へと抑え込む哲学として批判された。彼を含む「意思」を否定する哲学の系譜は、活動的生活のみならず精神の生活での経験をも軽視したのである。

4 判断力論という最終課題

†判断力論への移行

『精神の生活』を踏まえて最後に扱うのは「判断」(judgement)に関する議論である。アーレントが「始まり」の事実を確認した『意思』の最終部で、次のように「判断」を要請したためである。「(誕生の新しさを論じたアウグスティヌスの言葉は——引用者註)ただ私たちが生まれたときから自由たるべきことを宿命づけられている以外を述べていないように見える。このことは私たちが自由を好もうと、あるいはその偶然性を拒否しようと関係ないし、自由を「気に入ろう」と、あるいは何らかの形式の宿命論を選んで責任から逃れようとしても関係ない。この袋小路は、もしそれがそのようなものであるのなら、始める能力に劣らずに不思議な別の精神的能力、すなわち「判断」に訴える以外には打開され、あるいは解決されることはできない」。「意思」に端を発する「活動」が倫理から逸脱する可能性を否定できない点は先に確認した通りである。また、それが他者の評価で制約されることも指摘された。ただし実は、この議論に欠けている点が一つあった。どのような「活動」が受け入れられ、どのようなものが非難されるのかという「判断」の問題である。第五章でそれは卓越や「原理」として権威の問題へと収《しゅう》斂《れん》した。しかし、卓越や「原理」の判断基準には触れられていない。先の引用は、無軌道に陥る可能性を持つそうした「活動」の是非を「判断」することの必要性を示している。

残念なことにアーレントは、「判断」に関する議論を作品にまとめる前に命を落とした。そのため、代わりにカントの美的判断力を扱った講義録『カント政治哲学講義』に論及することにする。それは先のような「判断」のプロセスを扱い、その能力を「思考」の検討でも取り上げた「構想力」との関連に求めている。

†快、不快の反応

カントの美的判断力は、唯一の正しい解答である真理を扱う力ではなく、多くの人間から得られる一般的な「判断」の可能性を扱っている。アーレントの整理によれば私たちは、それを用いて真理とは無関係に対象の良し悪しを「判断」できる。例えば味覚や嗅覚では、特定の対象に対して好悪、あるいは快、不快のいずれかの印象を抱くだろう。納豆やドリアン、あるいはブルーチーズのような癖の強い食品はその典型で、私たちはそれに快、不快のいずれかを抱く。また、様々な芸術作品についても同様のことが言える。

こうした弁別的反応が「判断」に関わる。ただし、「判断」はそうした単純な快、不快の反応だけでなく、対象の受け取り方に関する世間一般の反応をふまえた検討も可能にする。そうした検討の基礎にあるのが、人々に共通する経験である。納豆のような具体的対象の場合、それ自体が「介在物」的に機能するだろう。同じ皿のそれを味わうことで、快、不快の印象を互いに検討できる。つまり、共通の経験を踏まえて、他者がどのような反応をするのかを知り、それをもとに「判断」できる。私にとっていかに不快でも、他者の反応によっては納豆が美味な食品であると「判断」可能なのである。

こうした一般的「判断」が下せるのは、快、不快をダイレクトに受け取るのではなく、それを同意、不同意として読み替えることができるためである。私たちは、「介在物」を介した検討の場面で、快、不快の印象に引きずられることなく、距離をとって印象自体を対象化して他者の受けとりかたを加味して検討できる。

その違いは逆説的ではあるが、こうした検討に馴染みの薄い幼児の反応から理解できるだろう。幼児は一般に不快を抱かせる食品を強く拒否し、それを受けつけない。自身の抱く印象に忠実で、距離をとり対象化できないためである。幼児ではない私たちは、自身の不快な反応を棚上げにして他者の反応を検討し、それに対して同意あるいは不同意できる。例えば納豆の引き起こす反応自体を対象化し、それが一般に美味であるとされていることを踏まえてなお、自身の「判断」をいかに下すべきかを精神内部で扱うことができる。

†範例

味覚のような弁別的な器官がもたらす直接的な反応でも精神内部で検討対象にし、同意、不同意の「判断」を下せるという指摘は、日常の経験にかなっている。だとすれば、これをもう一歩進めて他者の反応をあらかじめ検討していることも認めねばならない。快、不快をもたらす対象を、他者がどのように受け入れているのかを、同じ納豆を味わうような具体的検討を経ずとも私たちはあらかじめ了解し、「判断」している。

他者の反応をあらかじめ組み込んだ「判断」を可能にする要素は「範例」(example) である。それは皆に知られた過去の事例であり、有名な「物語」などがその典型である。それは誰からもアクセス可能で、評価がある程度定まったものでもある。例として『カント政治哲学講義』はボナパルティズムをあげた。ナポレオンへの支持が政治概念化し、権威主義的体制を支持する運動を指すようになった「範例」である。

ナポレオンという個人がいなければ存在しない過去の事例が「範例」化し、それに対して下された一般的「判断」を私たちは個人の精神内部で考慮できる。この作用を、問題となっている「活動」への評価との関連で示せば、おおよそ次のようになるだろう。

まず、特定の「活動」が開始されれば行為者の人格や「原理」が開示される。さらにそれは、後に「物語」として言語化され、「思考」の対象として人々に語られ、記憶されるかもしれない。そうして記憶された「物語」は、それを目にしなかった者にもそれが伝える内容を了解させる。中でも特に広く知られ、記憶されたものは「範例」となる。「物語」の主人公が「何者」であるのかばかりか行為に付随する「原理」を伝えることで、別の「活動」で示されたものの「判断」基準を提供するのである。また、そうした「原理」に寄せられた多くの好悪に関する弁別的反応もそれは併せて伝達する。こうして新しい別の「活動」が提示した「物語」の是非を個人が「判断」する手掛かりも与えられることになる。

†構想力と図式

「範例」を踏まえた「判断」は、『思考』でも触れられた「構想力」によってもたらされる。それは「現存していないものを現前させる」能力であり、「類比」を用いて抽象的経験に形を与える「図式」の適用を可能にする。その「構想力」が「判断」でも作用している。

「構想力」が「類比」によって意味の開示を助けるのは「多様なものから同一を見出す」ことができるからである。まったく別の事例を重ねることで対象の意味を開示する「類比」は、そうして抽象的な経験を了解させる。その了解に関与するのが「外部から不可視である限りは思考に属しており、形象に似ているものである限りにおいては感性に属している」「図式」だった。構想力による適用が、「類比」を可能にしたのである。

アーレントは「判断」における「構想力」の作用を次のように述べた。「認識に図式を与えるのと同じ構想力が、判断力に範例を与える」。判断の基準を提供する「図式」を顕著に表す具体例としての「範例」が、「類比」を通して精神にもたらされることで自身に弁別的な反応を引き起こす対象の検討は可能になる。すなわち、「範例」がもたらす対象の「類比」的な意味了解だけでなく、それに関する他者の評価も併せて伝えられる。

「範例」はこのように単に「図式」をもたらすだけでなく、他者がその事例をどのように判断したのかを了解させる。その意味で「我々が特殊なものに関わるときには常に、範例がある役割を果たす」と言えるだろう。「判断」とは、いわば「範例」と「構想力」とを用いて「他者を現前せしめる」プロセスであり、他者の「判断」を参考にして自身の抱いた弁別的反応に対して改めて自ら「判断」を下す作用である。

†他者とともに思考する

他者が積み重ねた評価を参照した反省的プロセスである点を強調して、アーレント研究者のセイラ・ベンハビブは、「判断」を「他者とともに思考する」と表現した。「判断」において「範例」の役割は大きい。「範例」に依拠することで、目の前の全く新しい対象の意味は開示され、加えてそれに類した事例に関する他者の下した一般的「判断」が精神にもたらされるからである。「範例」を介することで一人一人の下す「判断」は一般性を増し、「範例的妥当性」(exemplary validity) を獲得できる。全く新しい事例に直面してもある程度の妥当性を個人の「判断」に期待できるのである。

「判断」の能力はまた、公的領域で扱われるような共通の問題への対処に関して私たちが他者と合意できる根拠を提供している。『革命について』の議論に重ねて表現すれば、私たちは新たに開始されたユニークな「活動」を「範例」とともに確認することができ、また「範例」を通して「活動」の経緯で暴露される「原理」を確認できることになる。そうして確認された「原理」を容認して保全し、権威づけるべきか否かを「他者とともに思考する」能力によって「判断」できる。

原則として「自由」で無軌道な行為が「意思」の葛藤から脱するためになされているとしても、それが容認されるかどうかは各人の私的な快、不快の反応と、行為の「範例的妥当性」との対照に基づいて「判断」される。こうして「自由」な「活動」への制約の問題は、破綻することなく説明され、私たちが個別の問題に関して合意する可能性もまた残されていると理解できる。

†『精神の生活』と活動の政治

こうした理解にまで及ぶと、『精神の生活』が示した様々な概念が、アーレントの「活動」の政治を理解するのに有効であることに改めて気づく。同時に残念なのは「判断」に関する議論が、ここまで明確に関連づけられていないことだろう。繰り返しになるが『カント政治哲学講義』は講義ノートに過ぎず、彼女の思索が十全に展開されたものではない。そのため、ここで示された「活動」と「判断」との関連は、あくまでも解釈上の可能性にすぎない。

現代の思想的傾向へのアーレントの批判は、『人間の条件』を扱った第四章の最後で確認した。雑駁《ざっぱく》に言ってその後の議論は、批判の対案としての「活動」の政治の可能性の模索だった。これまでに見たように遺作である『精神の生活』という哲学の議論でもそれは変わらない。もちろん、これまでに紹介した彼女の主張への哲学的評価も必要だろう。政治のみならず哲学の伝統にも配慮された議論の意義を明らかにするためである。しかしそれは、彼女の思想を全体主義との対決の文脈で理解した本書の課題を超える。本書はそれを扱う別の野心作の登場への期待を表明して、論を締めくくることにしたい。

参考文献

アーレント著作

Arendt, Hannah, *The Origins of Totalitarianism* (*First Edition*), New York; Harcourt Brace and Company, 1951.

アーレント、ハンナ『全体主義の起原1：反ユダヤ主義　新版』大久保和郎訳、みすず書房、二〇一七年。

――『全体主義の起原2：帝国主義　新版』大島通義、大島かおり訳、みすず書房、二〇一七年。

――『全体主義の起原3：全体主義　新版』大久保和郎、大島かおり訳、みすず書房、二〇一七年。

――『ラーエル・ファルンハーゲン：ドイツ・ロマン派のあるユダヤ女性の伝記』大島かおり訳、みすず書房、一九九九年。

――『人間の条件』志水速雄訳、ちくま学芸文庫、一九九四年。

――『活動的生』森一郎訳、みすず書房、二〇一五年。

――『エルサレムのアイヒマン：悪の陳腐さについての報告　新版』大久保和郎訳、みすず書房、二〇一七年。

――『革命について』志水速雄訳、ちくま学芸文庫、一九九五年。

――『過去と未来の間』引田隆也、齋藤純一訳、みすず書房、一九九四年。

――『暗い時代の人々』阿部齊訳、ちくま学芸文庫、二〇〇五年。

――『暴力について』高野フミ訳、みすず書房、一九七三年。

――『精神の生活　上下』佐藤和夫訳、岩波書店、一九九四年。

――『アウグスティヌスの愛の概念』千葉眞訳、みすず書房、二〇〇二年。

――『カント政治哲学の講義』浜田義文監訳、法政大学出版局、一九八七年。

――『パーリアとしてのユダヤ人』寺島俊穂、藤原隆裕宜訳、未來社、一九八九年。

――『アーレント政治思想集成1：組織的な罪と普遍的な責任』、『アーレント政治思想集成2：理解と政治』齋藤純一、山田正行、矢野久美子訳、みすず書房、二〇〇二年。

――『反ユダヤ主義：ユダヤ論集1』大島かおり、佐藤紀子、矢野久美子、山田正行訳、みすず書房、二〇一三年。

――『アイヒマン論争：ユダヤ論集2』齋藤純一、山田正行、金慧、矢野久美子、大島かおり訳、みすず書房、二〇一三年。

――『責任と判断』中山元訳、ちくま学芸文庫、二〇一六年。

――『政治の約束』高橋勇夫訳、ちくま学芸文庫、二〇一八年。

手稿、書簡

――『思索日記Ⅰ　1950―1953』、『思索日記Ⅱ　1953―1973』ウルズラ・ルッツ、インゲボルク・ノルトマン編、青木隆嘉訳、法政大学出版局、二〇〇六年。

――『カール・マルクスと西欧政治思想の伝統』佐藤和夫編、アーレント研究会訳、大月書店、二〇〇二年。

――『政治とは何か』ウルズラ・ルッツ編、佐藤和夫訳、岩波書店、二〇〇四年。

――『アーレント＝マッカーシー往復書簡：知的のスカウトたち』キャロル・ブライトマン編、佐藤佐智子訳、法政大学出版局、一九九九年。

――『アーレント＝ハイデガー往復書簡』ウルズラ・ルッツ編、大島かおり、木田元訳、みすず書房、二〇〇三年。

――『アーレント＝ヤスパース往復書簡1〜3』L・ケーラー、H・ザーナー編、大島かおり訳、みすず書房、二〇〇四年。

――『アーレント＝ブリュッヒャー往復書簡』ロッテ・ケーラー編、大島かおり、初見基訳、みすず書房、二〇一四年。

アーレント研究関連

Benhabib, Seyla, *The Reluctant Modernism of Hannah Arendt (new edition)*, Lanham; Rowman & Littlefield Publishers, 2003.
Bernstein, Richard J., *Hannah Arendt and the Jewish Question*, Cambridge; Polity Press, 1996.
Disch, Lisa Jane, *Hannah Arendt and the Limits of Philosophy*, London; Cornell University Press, 1994.
Ed. Hill, Melvyn A., *Hannah Arendt: The Recovery of the Public World*, New York: St. Martin's Press, 1979.
Schwartz, Jonathan Peter, *Arendt's Judgement*, Pennsylvania: University of Pennsylvania Press, 2016.
ed. Villa, Dana, *The Cambridge Companion to Hannah Arendt*, Cambridge ; Cambridge University Press, 2000.
ヴィラ、D・R『アレントとハイデガー：政治的なものの運命』青木隆嘉訳、法政大学出版局、二〇〇四年。
エティンガー、エルジビェータ『アーレントとハイデガー』大島かおり訳、みすず書房、一九九六年。
カノヴァン、マーガレット『アーレント思想の再解釈』寺島俊穂、伊藤洋典訳、未來社、二〇〇四年。
ヤング＝ブルーエル、エリザベス『ハンナ・アーレント伝』荒川幾男、本間直子、原一子、宮内寿子訳、晶文社、一九九九年。

――『なぜアーレントが重要なのか　新装版』矢野久美子訳、みすず書房、二〇一七年。

小野紀明『二十世紀の政治思想』岩波書店、一九九六年。

川崎修『ハンナ・アレント』講談社学術文庫、二〇一四年。

千葉眞『アーレントと現代：自由の政治とその展望』岩波書店、一九九六年。

寺島俊穂『ハンナ・アレントの政治理論：人間的な政治を求めて』ミネルヴァ書房、二〇〇六年。

中山元『アレント入門』ちくま新書、二〇一七年。

萩原能久他編『アーレントと二〇世紀の経験』慶應義塾大学出版会、二〇一七年。

森一郎『死と誕生：ハイデガー・九鬼周造・アーレント』東京大学出版会、二〇〇八年。

森川輝一『〈始まり〉のアーレント：「出生」の思想の誕生』岩波書店、二〇一〇年。

森分大輔『ハンナ・アレント研究：〈始まり〉と社会契約』風行社、二〇〇七年。

矢野久美子『ハンナ・アーレント：「戦争の世紀」を生きた政治哲学者』中公新書、二〇一四年。

その他

Skinner, Quentin, *The Foundations of Modern Political Thought*, Cambridge; Cambridge University Press, 1978.
Wolin, Sheldon S., *Tocqueville between two worlds――The making of a political and theoretical life*, Princeton; Princeton University Press, 2001.
ヴェーバー、マックス『プロテスタンティズムの倫理と資本主義の精神』大塚久雄訳、岩波文庫、一九八九年。
ウォーリン、シェルドン・S『西欧政治思想史』尾形典男他訳、福村出版、一九九四年。
キプリング、ラドヤード『キプリング短篇集』橋本槇矩訳、岩波文庫、一九九五年。

コンラッド、ジョウゼフ『闇の奥』中野好夫訳、岩波文庫、一九五八年。

シィエス、エマニュエル＝ジョゼフ『第三身分とは何か』稲本洋之助、伊藤洋一、川出良枝、松本英実訳、岩波文庫、一九五〇年。

トクヴィル、アレクシス・ド『アメリカのデモクラシー　第一巻　上下』松本礼二訳、岩波文庫、二〇〇五年。

バーク、エドマンド『フランス革命についての省察　上下』中野好之訳、岩波文庫、二〇〇〇年。

ハーツ、ルイス『アメリカ自由主義の伝統』有賀貞訳、講談社学術文庫、一九九四年。

ハイデガー、マルティン『現象学の根本問題』木田元監訳、作品社、二〇一〇年。

ハイデッカー、マルティン『存在と時間　上下』細谷貞雄訳、ちくま学芸文庫、一九九四年。

ハミルトン、アレグザンダ／マディソン、ジェイムズ／ジェイ、ジョン『ザ・フェデラリスト』斎藤眞、中野勝郎訳、岩波文庫、一九九九年。

フィヒテ、ヨハン・ゴットリープ／ロマン、ジョエル／ルナン、エルンスト／バリバール、エチエンヌ／鵜飼哲『国民とは何か』鵜飼哲、大西雅一郎、細見和之、上野成利訳、インスクリプト、一九九七年。

フッサール、エドムント『デカルト的省察』浜渦辰二訳、岩波文庫、二〇〇一年。

――『ヨーロッパ諸学の危機と超越論的現象学』細谷恒夫、木田元訳、中公文庫、一九九五年。

プラトン『国家』藤沢令夫訳、岩波文庫、一九七九年。

ペイン、トーマス『コモン・センス　他三篇』小松春雄訳、岩波文庫、二〇〇五年。

ポーコック、ジョン・G・A『マキァヴェリアン・モーメント：フィレンツェの政治思想と大西洋圏の共和主義の伝統』田中秀夫、奥田敬、森岡邦泰訳、名古屋大学出版会、二〇〇八年。

ホッブズ、トマス『リヴァイアサン一』水田洋訳、岩波文庫、一九九二年。

ホブスン、ジョン・アトキンスン『帝国主義論　上下』矢内原忠雄訳、岩波文庫、一九五一、五二年。

マルクス、カール／エンゲルス、フリードリヒ『ドイツ・イデオロギー　新編輯版』廣松渉、小林昌人訳、岩波文庫、二〇〇二年。

ミル、ジョン・ステュアート『自由論』塩尻公明、木村健康訳、岩波文庫、一九七一年。

モンテスキュー、シャルル・ド『法の精神　上巻』田中治男他訳、岩波書店、一九八七年。

ヤスパース、カール『哲学』小倉志祥、林田新二、渡辺二郎訳、中公クラシックス、二〇一一年。

―『世界観の心理学』上村忠雄、前田利男訳、理想社、一九七一年。

ルソー、ジャン＝ジャック『社会契約論』桑原武夫、前川貞次郎訳、岩波文庫、一九五四年。

ロック、ジョン『統治二論』加藤節訳、岩波書店、二〇〇七年。

有賀貞『アメリカ政治史』福村出版、一九八五年。

宇野重規『トクヴィル：平等と不平等の理論家』講談社選書メチエ、二〇〇七年。

大木英夫『ピューリタン：近代化の精神構造』中公新書、一九六八年。

川出良枝、山岡龍一『西洋政治思想史：視座と論点』岩波書店、二〇一二年。

木田元『ハイデガー「存在と時間」の構築』岩波現代文庫、二〇〇〇年。

斎藤眞『アメリカ革命史研究：自由と統合』東京大学出版会、一九九二年。

―『アメリカとは何か』平凡社ライブラリー、一九九五年。

佐々木毅『プラトンの呪縛：二十世紀の哲学と政治』講談社、一九九八年。

高田珠樹『ハイデガー：存在の歴史』講談社、一九九六年。

竹田青嗣『現象学入門』NHKブックス、一九八九年。

出村和彦『アウグスティヌス：「心」の哲学者』岩波新書、二〇一七年。

半澤孝麿『ヨーロッパ思想史における〈政治〉の位相』岩波書店、二〇〇三年。

あとがき

本書は、政治思想家ハンナ・アーレントに関心を持つ一般の読者に思想の概略を伝えることを目的に執筆された。そのため序章で総論を提示し、各章で主要作品を執筆順に扱っている。全体を通して彼女の思想をイメージできるように配慮したが、扱う作品のテーマに隔たりがあるため、一部の読者は読み通すことに困難を覚えるかもしれない。その場合、全体を短くまとめた序章に目を通した後、関心のある作品を扱う章に向かって欲しい。

また、もう少し広いテーマ、例えば全体主義論に関心があるなら、序章、二章、三章、六章を読めばイメージを摑めるだろう。あるいは哲学的議論なら、序章、一章、四章、七章、政治思想に関心を絞るなら、序章、四章、五章でおそらく問題ない。

こうした点に本書は配慮しているが、各作品の内容を網羅しているかといえば、必ずしもそうではない。アーレントのイメージを伝えることを優先し、全体主義との対決を軸に、思想の特徴を序章に示した三点に整理したためである。各作品の内容を網羅的に理解したい読者は、本書に目を通した後、巻末の参考文献表を手掛かりに原典に挑んで欲しい。実際の議論に触れることでより深く内容を理解できるだろう。

主要作品以外に各章で論じた小品は、『過去と未来の間』と『アーレント政治思想集成』からのものである。その他『責任と判断』、『暗い時代の人々』、『暴力について』、『ユダヤ論集』等にも触れた。それら小品は主要作を理解する手掛かりとしても、単体の作品としても興味深いものであるため、初めてアーレントの作品に触れるには、お勧めである。

言うまでもないがアーレントという思想家は、本書の提示した姿以外にも様々な面を持つ。それは多くの論者が多様な像を描出していることからも明らかである。そうした議論はどれも有意義で、本書もそれらに負っている。ただし、初学者はその多様性ゆえにイメージが摑みにくく、敷居も高く感じるだろう。本書はその敷居を少しでも下げようと論点を整理して各作品を関連づけて紹介した。一部の読者には整理の仕方に不満が残るだろうが、そうした反発も含めて彼女への理解を深めていただければ幸いである。

本書の記述について若干ながら触れておけば、彼女の呼称はアーレントで統一した。しかし、アレントもまた用いられているため、参考文献表ではそれぞれの原題に従っている。また引用については、翻訳がある場合、基本的にはそれに準じた。ただし一部に、文脈の関係から表現を改めたものがある。そして出典註は意図的に省略している。研究文献に馴染みの薄い読者に限られた頁数で内容を伝え、気を散らさぬよう配慮したためである。ちなみに各章での引用は、基本的にはその章で取り上げられた作品からのものであり、そうでない場合は作品名をあらかじめ示唆するように配慮されている。

巻末の文献リストは、本文で論及されたものを主軸に原典や研究文献を厳選し、翻訳があるものはそれを掲載した。関心を持った読者の次につながることを期待したためである。ただし行論の都合上、若干の外国語文献を挙げざるを得なかった。それらは本文で触れた研究者の論考や未訳出の作品である。注文をつければキリがないだろうが、本書がアーレントに関する膨大な文献を網羅、紹介することを意図しない点をご理解いただきたい。

最後に、本書の企画に際してご配慮いただいた龍谷大学の松尾秀哉教授、アーレント研究の先達として学生時代よりご指導をいただいている国際基督教大学の千葉眞特任教授、そして勤務校の同僚、職員諸兄に感謝を申し上げたい。また、本書の執筆に際し迷惑をかけ、お世話になった筑摩書房の松田健、伊藤笑子の両氏には心からお礼を申し上げたい。

二〇一九年春

森分大輔

ちくま新書
1416

ハンナ・アーレント
――屹立《きつりつ》する思考《しこう》の全貌《ぜんぼう》

二〇一九年六月一〇日　第一刷発行

著者　森分大輔（もりわけ・だいすけ）
発行者　喜入冬子
発行所　株式会社 筑摩書房
東京都台東区蔵前二―五―三　郵便番号一一一―八七五五
電話番号〇三―五六八七―二六〇一（代表）
装幀者　間村俊一
印刷・製本　株式会社 精興社

ISBN978-4-480-07230-6 C0210

ちくま新書

1229
アレント入門
中山元
生涯、全体主義に対峙し、悪を考察した思想家ハンナ・アレント。その思索の本質を『全体主義の起原』『イェルサレムのアイヒマン』などの主著を通して解き明かす。

1076
感情とは何か
――プラトンからアーレントまで
清水真木
「感情」の本質とは何か？　感情をめぐる哲学的言説の系譜を整理し、それぞれの細部を精神史の文脈に置きなおす。哲学史の新たな読みを果敢に試みる感情の存在論。

1393
教養としての政治学入門
成蹊大学法学部編
いま政治学では何が問題になっているのか。政治史・政治理論・国際政治・福祉・行政学・地方自治などの専門研究者が12のテーマで解説する、知の最先端への道案内。

1119
近代政治哲学
――自然・主権・行政
國分功一郎
今日の政治体制は、近代政治哲学が構想したものだ。ならば、その基本概念を検討することで、いまの民主主義体制が抱える欠点も把握できるはず！　渾身の書き下し。

922
ミシェル・フーコー
――近代を裏から読む
重田園江
社会の隅々にまで浸透した「権力」の成り立ちを問い、常識的なものの見方に根底から揺さぶりをかけるフーコー。その思想の魅力と強靭さをとらえる革命的入門書！

277
ハイデガー入門
細川亮一
二〇世紀最大の哲学書『存在と時間』の成立をめぐる謎とは？　難解といわれるハイデガーの思考の核心を読み解き、西洋哲学が問いつづけた「存在への問い」に迫る。

1400
ヨーロッパ現代史
松尾秀哉
第二次大戦後の和解の時代が終焉し、大国の時代が復活し、危機にあるヨーロッパ。その現代史の全貌を、国際関係のみならず各国の内政との関わりからも描き出す。